TASCHENBÜCHER FÜR GELD, BANK UND BÖRSE

Band 12

W0190048

Dr. Wolfgang Goedecke · Volkher Kerl

DIE
HYPOTHEKENBANKEN

Zweite, völlig neu bearbeitete Auflage

FRITZ KNAPP VERLAG · FRANKFURT AM MAIN

Die erste Auflage wurde von Herrn Regierungsdirektor i. R.
Dr. Ernst Knacke bearbeitet.

1. Auflage 1964
2. Auflage 1974

ISBN 3 7819 1062 8

Copyright 1974 by Fritz Knapp Verlag, Frankfurt/Main
Gesamtherstellung: Druckerei H. Haßmüller, Frankfurt/M.
Umschlagentwurf: Friedrich K. Sallwey

INHALT

VORWORT

Der Strukturwandel des Hypothekenbankgeschäfts und die Änderungen des Hypothekenbankgesetzes im letzten Jahrzehnt haben eine Überarbeitung und eine sachliche Ergänzung des vorliegenden Taschenbuches erforderlich gemacht.

Die Stellung der privaten Hypothekenbanken im Gesamtgefüge der deutschen Kreditwirtschaft hat Veränderungen erfahren, die sich sowohl auf ihr *Aktiv-* wie auch auf eine verschärfte *Wettbewerbssituation* in ihrem *Passivgeschäft* erkennbar auswirken. Die Vielzahl an *konkurrierenden Spar- und Anlageformen* ist ebenso wie die Ausweitung des Kreises der im Realkredit tätigen Kreditinstitute und sonstigen Kapitalsammelstellen an dem Geschäft der Hypothekenbanken nicht spurlos vorübergegangen. Entwicklungen am Kapitalmarkt haben Diskussionen über die *Daseinsberechtigung des Pfandbriefs* ausgelöst. Die schwankenden kredit- und kapitalmarktpolitischen Wert- und Zielvorstellungen waren nicht immer durch eine ausreichende Kenntnis von Wesen und Aufgaben der Hypothekenbanken fundiert und drohten zeitweise deren Funktion zu gefährden, vor allem die Wohnungswirtschaft und die öffentliche Hand mit langfristigen und zinsstabilen Krediten zu versorgen. Der *Kreis der* möglichen *Geschäftspartner* ist im sog. *Kommunalkreditgeschäft* im Inland und im Ausland weit über die Gewährung von Krediten an Gemeinden und Gemeindeverbände hinausgewachsen.

Mit Rücksicht auf die für ein Taschenbuch gebotene gedrängte Sachdarstellung und auf die Notwendigkeit einer schon dadurch erforderlichen thematischen Beschränkung waren bei der Überarbeitung der ersten Auflage zugunsten der Darstellung neuer ordnungspolitischer und marktbedingter Entwicklungen Kürzungen notwendig. Die Verfasser möchten daher zur Ergänzung ihrer Ausführungen auf die überwiegend von wissenschaftlicher Gründlichkeit und kreditwirtschaftlichen Erfahrungen getragenen, in den letzten Jahren anläßlich von meist 100jährigen Jubiläen der Hypothekenbanken erschienenen *Festschriften* Bezug nehmen;

eine Zusammenstellung dieser Festschriften befindet sich am Ende des Taschenbuches.

Die Änderungen des Hypothekenbankgesetzes auf Grund des Gesetzes zur Änderung des Hypothekenbankgesetzes und des Schiffsbankgesetzes vom 11.3.1974 (BGBl. I S. 671) sind jeweils im Rahmen der Sachdarstellung berücksichtigt.

Das Taschenbuch soll vor allem einen Überblick über die strukturellen Besonderheiten und die kreditwirtschaftliche Funktion der Hypothekenbanken auf Grund des ihnen durch Gesetz ermöglichten Geschäftskreises geben. Es soll keinen Rückblick auf die Kapitalmarktentwicklung enthalten und kein Kommentar sein. Daher erhebt es auch keinen Anspruch auf Vollständigkeit der Darstellung der Rechtsgrundlagen für die Geschäftstätigkeit der Hypothekenbanken.

Die in den Taschenbüchern *Pfandbriefe und Kommunalobligationen* von Dr. Franz Steffan (Nr. 44 dieser Reihe) und *Wohnungsbaufinanzierung* von Dr. Ernst Kiock (Nr. 48) behandelten, auch die Hypothekenbanken berührenden Fragen, sind in der vorliegenden Neubearbeitung nur, soweit es der Zusammenhang der hier vorgegebenen Thematik erfordert, angesprochen.

Die Bearbeitung der Abschnitte I, II, III C, IV, V, VI, VIII B und IX ist durch Dr. Wolfgang Goedecke und die der Abschnitte III A, B, VII und VIII durch Regierungsdirektor Volkher Kerl erfolgt.

Mannheim/Berlin im Juni 1974

Die Verfasser

I. HYPOTHEKENBANKEN ALS SPEZIAL-KREDITINSTITUTE DES LANGFRISTIGEN KREDITS

A. Begriff und Geschäftskreis

Private Hypothekenbanken sind Kreditinstitute i.S. von § 1 KWG und nach der Legaldefinition des § 1 des Hypothekenbankgesetzes (HBG) i.d.F. des Gesetzes zur Änderung des Hypothekenbankgesetzes und des Schiffsbankgesetzes vom 11.3.1974 (BGBl. I, S. 671) — künftig als HBG-Novelle 1974 zitiert —

privatrechtliche Kreditinstitute, deren Geschäftsbetrieb darauf gerichtet ist, inländische Grundstücke zu beleihen und auf Grund der erworbenen Hypotheken Schuldverschreibungen (Hypothekenpfandbriefe) auszugeben,
Darlehen an inländische Körperschaften und Anstalten des öffentlichen Rechts oder gegen Übernahme der vollen Gewährleistung durch eine solche Körperschaft oder Anstalt zu gewähren (Kommunaldarlehen) und auf Grund der erworbenen Forderungen Schuldverschreibungen (Kommunalschuldverschreibungen) auszugeben.

Das Hypothekargeschäft hat den Hypothekenbanken ihren Namen gegeben. Dieser ist infolge der gewachsenen Bedeutung des Kommunalkredits zumindest unvollständig, wurde aber beibehalten. Nur die in § 1 HBG definierten Kreditinstitute dürfen im privaten Bankenbereich das Hypothekar- und das Kommunaldarlehensgeschäft auf der Grundlage der Emission von Pfandbriefen und Kommunalschuldverschreibungen betreiben. Sie sind damit Spezialkreditinstitute des langfristigen Kredits. Ihre Zulassung erfolgt gemäß § 32 KWG in Verbindung mit § 3 HBG durch das Bundesaufsichtsamt für das Kreditwesen ohne eine Bedürfnisprüfung. Lediglich drei sog. *gemischte* Hypothekenbanken (Bayerische Hypotheken- und Wechsel-Bank, Bayerische Vereinsbank und Norddeutsche Hypotheken- und Wechselbank) können gemäß § 46 HBG sowohl im Realkreditgeschäft wie im Geschäftsbankbereich tätig sein. Dagegen ist die Geschäftstätigkeit der sog. *reinen* Hypothekenbanken funktional und ordnungspolitisch auf die im Hypothekenbankgesetz enumerativ bestimmten Bankgeschäfte beschränkt. Diese gesetzlichen Geschäftsbegrenzungen sind ebenso wie die strengen Anlagevorschriften (vgl. III B 1) gleicherweise Voraussetzung wie Folge des Spezialbankenprinzips, das im Gegensatz zum öffentlich-rechtlichen Bereich[1]) den gesamten privaten Sektor des Realkredits beherrscht. Die sog. erlaubten Geschäfte i.S. des § 5 HBG bestehen aus *Haupt- und Nebengeschäften* (vgl. III B 1); sie finden ihre Ergänzung in sog. *Hilfsgeschäften*, d.h. in solchen Geschäften, die dem Zweck des Hauptgeschäfts dienen und nicht mit dem Risiko von Verlusten belastet sind.[2]) Haupt- und Nebengeschäfte haben in über einhundert Jahren wechselvoller politischer und wirtschaftlicher Geschehnisse und der durch sie bedingten kreditwirtschaftlichen Strukturveränderungen seit der Gründung der ersten Hypothekenbanken Schwerpunktverlagerungen erfahren; sich wandelnde Finanzierungsbedürfnisse und Kapitalbeschaffungsmöglichkeiten bewirkten Änderungen in ihrer funktionellen Bedeutung und in ihrem ordnungspolitischen Stellenwert. Ein Nebengeschäft — das Kommunalkreditgeschäft — wurde seit Ende der sechziger Jahre zunächst wirtschaftlich, dann auch rechtlich zum zweiten Hauptgeschäft.[3]) Hilfsgeschäfte, z.B. Beteiligungen, entwickelten sich zu Nebengeschäften und wurden gesetzlich geregelt.[4])

Auf bestimmte Geschäftspartner beschränkte und zunächst nur befristet zugelassene Nebengeschäfte, wie das Recht der Refinanzierung auch durch Aufnahme von Globaldarlehen, wurden schließlich unbefristet und ohne Zustimmung der Aufsichtsbehörde zunächst bei allen Kapitalsammelstellen des In- und Auslandes[5]), durch die HBG-Novelle 1974 allgemein, d.h. ohne Begrenzung auf bestimmte Darlehensgeber gestattet. Andere Nebengeschäfte (Kleinbahn-Beleihungen) verloren an kreditwirtschaftlicher Bedeutung, so daß sie aus dem Katalog der zulässigen Geschäfte gestrichen werden konnten.[6])

Nach dem Zweiten Weltkrieg führten die Hypothekenbanken kraft gesetzlichen Spezialauftrages vorübergehende staatliche, *administrative Aufgaben* im Zusammenhang mit ihrem (früheren) Geschäft durch, z.B. die Verwaltung der *Hypotheken-Gewinnabgabe*[7]) sowie die Abwicklung

12

der *Altsparerentschädigung* für eigene Reichsmark-Pfand-
briefe und Kommunalschuldverschreibungen und nachran-
gig eingetragene Reichsmark-Privathypotheken.[8] Staatliche
Finanzierungs- und Verwaltungsaufgaben wurden ihnen als
Auftragsangelegenheiten zur Komplementierung eigener Kredite übertragen, wie z.B. die treuhänderische Weiterleitung
öffentlicher Haushaltmittel zur nachrangigen Finanzierung
im öffentlich geförderten Wohnungsbau in Niedersachsen[9]
und in Bremen. Der *Lastenausgleichsfonds* bediente sich
auch der Hypothekenbanken — soweit diese erststellige
Hypotheken gewährten — zur Durchleitung und Verwaltung
von *Aufbaudarlehen* nach dem Lastenausgleichsgesetz.

Die Ausweitung öffentlicher Finanzierungsaufgaben führte
zu einer *Ausweitung der Geschäftspartnerstruktur.* Im
Rahmen der Entstehung größerer Wirtschaftsräume, insbesondere im europäischen Bereich, erweiterte sich die
Kreditversorgungsfunktion und damit die Refinanzierungsmöglichkeiten der Hypothekenbanken regional und funktional. Die HBG-Novellen 1963 und 1974 ermöglichten ihnen
— wenn auch in noch unbegrenztem Umfang — ein *grenz-
überschreitendes* langfristiges *Kreditgeschäft* (vgl. IV B 3);
hierfür wurde eine langfristige und flexible Mittelbeschaffung
sowohl im In- als auch im Ausland erforderlich und seit
Einführung der freien Konvertibilität wieder möglich.

Geblieben aber sind trotz aller Strukturwandlungen in
ihren Bankgeschäften die ordnungspolitisch begründete
Beschränkung auf bestimmte Geschäftspartner und -formen
sowie die funktionale Einordnung der Hypothekenbanken
als Spezialinstitute des langfristigen Kredits in das Gesamtgefüge der deutschen Kreditwirtschaft; geblieben ist die
Mittlerfunktion zwischen den Nachfragern nach langfristigen
Krediten einerseits und dem Angebot von Sparkapital
privater Sparer und langfristiger Mittel anlagebereiter institutioneller Anleger andererseits; geblieben ist schließlich
das nun schon über 200 Jahre alte *Refinanzierungsinstrument, der Pfandbrief.* Seine Ausgabe ist ein rechtlich
verbrieftes Privileg der Hypothekenbanken; sein Name
genießt einen *gesetzlichen Markenschutz.* Er hat eine auf
den Refinanzierungszweck und den Kreditnehmer zuge-
schnittene Ergänzung erfahren in der *Kommunalobligation*
(ohne sachliche und wertpapierrechtliche Unterscheidungs-

kriterien im einzelnen). Sie ist nur etwa halb so alt wie
der Pfandbrief. Ihre derzeitige Bedeutung als Refinanzierungsinstrument hat sie parallel zur Ausweitung öffentlicher Finanzierungsbedürfnisse insbesondere nach dem
Zweiten Weltkrieg erlangt, als die öffentlichen Aufgaben
vor allem im Rahmen des Wohnungsneubaus und im Infra-
strukturbereich wuchsen und sich der Kreis der Geschäftspartner der Hypothekenbanken in diesem Bereich aus-
weitete.

B. Der 200jährige Pfandbrief

1. Geschichtliches

Die Entstehung des Pfandbriefsystems in Deutschland wird
zumeist mit dem Namen des Berliner Kaufmanns Diederich
Ernst Bühring in Zusammenhang gebracht. Dieser reichte
1767 dem Preußenkönig Friedrich dem Großen eine Denkschrift ein, in der zur Behebung der Kreditnot der Landwirtschaft, besonders in den vom Siebenjährigen Krieg
stark in Mitleidenschaft gezogenen schlesischen Gebieten,
die Ausgabe von *Hypothekenbriefen* angeregt wurde. Es
mag hier dahingestellt bleiben, ob diese Denkschrift der
eigentliche Anlaß für die königliche *Cabinettsordre* vom
29.8.1769 an den Etatsminister Freiherr von Carmer war,
mit der die 1770 erfolgte Gründung der Schlesischen Landschaften eingeleitet wurde, der Gründungen weiterer Landschaften in der Kur- und in der Neumark, in Pommern,
Westpreußen und Ostpreußen folgten. Diese Landschaften
waren regional begrenzte öffentlich-rechtliche Zwangsver-
einigungen von Großgrundbesitzern zur Beschaffung von
landwirtschaftlichem Grundkredit.
Die Verdienste Bührings und des Freiherrn von Carmer
werden nicht verkleinert, wenn aus Gründen der Redlichkeit
der Berichterstattung die Frage zumindest aufgeworfen
wird, ob und inwieweit die Refinanzierungsmethodik der
etwa einhundert Jahre später entstandenen Hypothekenbanken auf das von den preußischen Landschaften entwickelte Pfandbriefsystem zurückgeht. Die Landschaften
gewährten im Rahmen bestimmter Taxwertgrenzen an ihre

14

Pfandbrief der Landschaft der Fürstentümer Breslau, Brieg, Trachenberg aus dem Jahre 1771

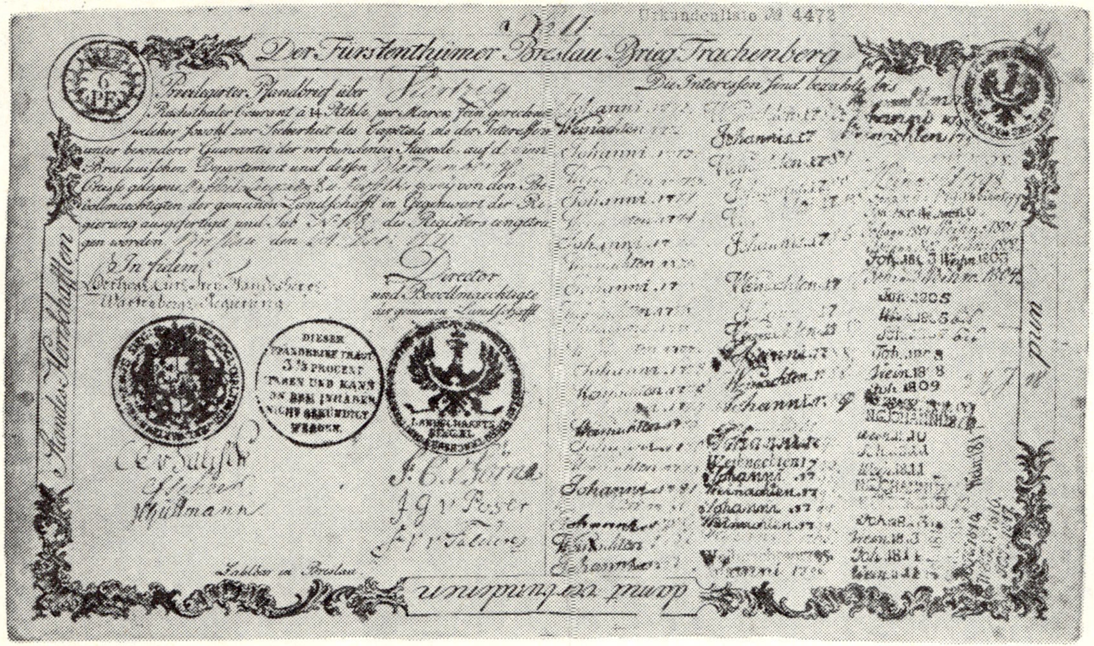

Pfandbriefmuster einer Hypothekenbank

Mitglieder Kredite nicht in bar, sondern in Form von *Pfandbrief-(Natura-)Darlehen*, d.h. durch Ausfertigung und Übergabe von als *Pfandbriefe* bezeichneten Schuldverschreibungen.[10] Deren Verwertung, d.h. ihre Liquidisierung war mangels eines organisierten Kapitalmarktes Angelegenheit des Kreditnehmers; er konnte sich dabei der Unterstützung seiner Landschaft bedienen. Der Entscheidung des Kreditnehmers war es überlassen, ob er den Pfandbrief, der auch über Darlehensteilbeträge ausgefertigt werden konnte, sofort verkaufte oder vorübergehend noch behielt, wenn ihm der Zeitpunkt für die Veräußerung nicht oder noch nicht geeignet erschien; während dieser Zeit allerdings trug er allein das Kursrisiko. Der Pfandbriefinhaber wurde kraft dinglicher Haftung Gläubiger eines Grundstückspfandrechts an einem bestimmten Beleihungsobjekt (Rittergut). Subsidiär haftete für die ausgegebenen Pfandbriefe die jeweilige Landschaft als Gesamtheit der in ihr zusammengeschlossenen Grundbesitzer. Die Pfandbriefe der älteren Landschaften erhielten ursprünglich eine genaue Bezeichnung der belasteten Rittergüter und glichen weitgehend den heutigen Hypothekenbriefen. Die Konkretisierung des Pfandobjekts auf den Pfandbriefen wurde später fallengelassen.

In den dreißiger Jahren des 19. Jahrhunderts änderten die Landschaften dieses Kredit- und Refinanzierungssystem. Sie gewährten nunmehr ihren Mitgliedern Hypotheken-(Pfandbrief-)darlehen; zu deren Refinanzierung dienten — anstelle der früheren *Güterpfandbriefe* — gleichfalls als Pfandbriefe bezeichnete Teilschuldverschreibungen; für deren Kapital und Zinsen hafteten nur die jeweiligen Landschaften. Diesen neuen Pfandbriefen fehlte damit das Hauptkriterium, das dem früheren Pfandbrief den Namen gegeben hatte: Die unmittelbare Pfandhaft von Grundstücken zugunsten des Inhabers. Die Neugestaltung der Haftungsverhältnisse führte zur Aufgabe der direkten persönlichen Rechtsbeziehungen zwischen Darlehensschuldnern und Pfandbriefgläubigern und schließlich zum Erwerb von Pfandbriefen auch durch Dritte.

Die *Darlehen der Hypothekenbanken* waren schon vor Inkrafttreten des Hypothekenbankgesetzes nicht *Natura-, sondern* unmittelbare *Bardarlehen;* sie unterschieden sich insoweit von den *Pfandbriefdarlehen* der Landschaften.

Die in den älteren Statuten der Hypothekenbanken als Hypothekenbriefe, Bodenkreditobligationen u.ä. bezeichneten Schuldverschreibungen, die auf Grund gewährter Hypothekendarlehen ausgegeben wurden, gelangten zumindest nicht grundsätzlich in die Hand des Kreditnehmers. Die Refinanzierung der Darlehen war ausschließlich Aufgabe der kreditgewährenden Hypothekenbank und erfolgte durch Plazierung von Schuldverschreibungen bei Kapitalanlegern.[11]

Bei den Landschaften war entsprechend der Form der Darlehensgewährung durch Hingabe von Pfandbriefen die Tilgung einer Hypothek nicht nur in bar, sondern auch durch Einlieferung (Rückgabe) von Pfandbriefen mit entsprechendem Zinssatz möglich und üblich. Ein rechtliches Relikt des Naturdarlehens enthält die Rahmenregelung des § 14 Abs. 2 HBG, in deren Verfolg einige Satzungen von Hypothekenbanken noch heute die Gewährung von Darlehen in Hypothekenpfandbriefen und demgemäß auch die *Naturatilgung* mit ausdrücklicher Zustimmung des Schuldners zulassen. Naturadarlehen blieben nur Ausnahmen. Naturatilgungen wurden in Zeiten von Marktschwächen und -anspannungen als Heilmittel einer Rentenmarkttherapie immer wieder ins Gespräch gebracht. Man versprach sich von ihrer Praktizierung vor allem eine stimulierende Nachfrage nach Pfandbriefen niedriger Zinstypen und damit Kursverbesserungen bis hin zum Paristand, wurde allerdings in diesen Erwartungen nicht bestätigt.[12]

2. *Refinanzierungsinstrument sowie Spar- und Anlageform*

Der Pfandbrief hat trotz mancher rentenmarktbedingter Rückschläge, öffentlicher Kritik und konkurrierender neuer Wertpapierformen seine rechtliche Monopolstellung und seine kreditwirtschaftliche Bedeutung behalten. Er blieb seit Inkrafttreten des Hypothekenbankgesetzes das wichtigste *Refinanzierungsinstrument der Hypothekenbanken* und bildet für private Sparer und institutionelle Anleger eine gleichermaßen geeignete *Spar- und Anlageform*. Die Hypothekenbanken bedienen sich vor allem des Pfandbriefs sowie der Kommunalschuldverschreibung zur Aufbringung der Mittel, die sie zur Erfüllung ihrer später noch im einzelnen zu behandelnden Kreditversorgungsfunktion im

Gesamtgefüge der Kreditwirtschaft benötigen. Sie wandeln zu diesem Zweck anlagesuchendes Sparkapital in langfristige Refinanzierungsmittel um und werden dadurch in die Lage versetzt, langfristige Kredite zu gewähren. Durch diesen Transformationsprozeß wird die notwendige zeitliche Kongruenz zwischen anlagesuchendem und nachgefragtem Kapital hergestellt. So dient das durch den Verkauf von Pfandbriefen und Kommunalschuldverschreibungen bei den Hypothekenbanken angesammelte Fremdkapital, das zu unmittelbaren Anlagen bzw. zu Finanzierungen bestimmter Investitionen größenordnungsmäßig nicht bereit oder geeignet ist, schließlich mittelbar doch der Versorgung der Wohnungswirtschaft, gewerblicher Unternehmen, der Landwirtschaft und der öffentlichen Hand mit langfristigen Krediten. Dem primären Kapitalanleger, d.h. dem Pfandbriefkäufer, werden von den Hypothekenbanken Prüfungen und Kreditrisiken abgenommen, die er dann hätte, wenn er sein Kapital unmittelbar in langfristigen (Real-)Krediten anlegen würde. Die betragsmäßige Stückelung der Pfandbriefemissionen schafft die formale Voraussetzung dafür, daß auch ein privater Sparer mit kleineren Sparleistungen mittelbar und anteilig zur Refinanzierung einer größer dimensionierten Kreditgewährung beitragen kann. So kennzeichnet die überregionale kreditwirtschaftliche Tätigkeit einer Hypothekenbank den sich fortsetzenden *Übergang vom Individual- zum institutionellen Hypothekarkredit* und die *Entpersönlichung der Kreditbeziehungen.*

3. Mündel- und Anlagesicherheit

Ihre Bedeutung am Rentenmarkt und ihre Positionen im Wettbewerb mit anderen Spar- und Anlageformen erhielten Pfandbrief und Kommunalschuldverschreibung außer durch ihre typischen Ausstattungsmerkmale (wie vor allem Fungibilität, Langfristigkeit, gleichbleibender Zinssatz während der gesamten Laufzeit) auch durch ihre in § 1807 Abs. 1 Nr. 4 BGB[13]) festgelegte *objektive Mündelsicherheit* und durch die im Versicherungsrecht[14]) verankerte sog. *Anlagesicherheit.* Die Anlagekataloge sowohl für Mündelvermögen als auch für anlagebereite Gelder der Sozialversicherungsträger wie der privaten Versicherungsunternehmen tragen den Sicherheitserfordernissen für die Anlage fremder Gelder Rechnung. Die Eignung von Pfandbriefen und Kommunalschuldverschreibungen zur Anlage von Mündel- und Versicherungsvermögen liegt vor allem in der gesetzlich geregelten Doppelhaftung und damit der Bonität dieser Schuldverschreibungen begründet. Neben der jeweiligen Hypothekenbank als Emittentin und Schuldnerin der Gläubiger von Pfandbriefen und Kommunalschuldverschreibungen haften diesen nach §§ 35, 41 Abs. 1 HBG besondere und voneinander getrennte Deckungsmassen als Zugriffsobjekte im Konkursfalle; diese Deckungsmassen bestehen aus der Gesamtheit der Forderungen aus Hypotheken- (für Pfandbriefe) usw. aus Kommunaldarlehen (für Kommunalschuldverschreibungen). Hierüber im einzelnen unter III B 3.

Den strengen Sicherheitsanforderungen der erwähnten Anlagevorschriften dienen, soweit es sich um Pfandbriefe und Kommunalschuldverschreibungen handelt, die Bonitätsprüfungen der Genehmigungsbehörde im Rahmen des für die Neuemissionen obligatorischen Genehmigungsverfahrens nach § 795 BGB (vgl. VI B 1) sowie die laufenden aufsichtsbehördlichen Deckungsprüfungen durch das Bundesaufsichtsamt für das Kreditwesen (vgl. VII B). Gleichwohl vermögen alle noch so strengen Bonitätsprüfungen nicht die Wertbeständigkeit von Geldvermögen zu garantieren. Pfandbriefe und Kommunalschuldverschreibungen unterliegen wie alle anderen Geldforderungen einem *inflationsbedingten Geldwertschwund*. Die beiden großen Währungsreformen dieses Jahrhunderts trugen jedoch, wenn auch bei weitem nicht ausreichend, der Bedeutung beider Schuldverschreibungstypen auf Grund ihrer Mündel- und Anlagesicherheit Rechnung (vgl. II B 2).

C. Kritik am Pfandbriefkredit

Der Pfandbriefkredit war Ende des 19. und zu Beginn des 20. Jahrhunderts Gegenstand einer insbesondere von gesellschaftspolitischen Überlegungen getragenen Kritik. Die Tätigkeit der sich durch Pfandbriefe refinanzierenden Hypothekenbanken wurde vor allem von den *Bodenrefor-*

mern[15]) unter Hinweis auf die später (unter II B 1) noch zu behandelnden Zusammenbrüche der Pommerschen und der Preußischen Hypothekenbank sowie der Deutschen Grundschuldbank als bedenklich bezeichnet; sie sahen in ihr eine besondere Gefahr für eine leichtfertige Verschuldung der Grundeigentümer und eine Ursache für eine nach oben gerichtete Preisentwicklung des Bodenwertes. Die — noch heute teilweise aktuelle — Kritik der Bodenreformer am Realkredit übersah insbesondere, daß die Pfandbriefinstitute in ihrer Eigenschaft als Treuhänder für das ihnen von Sparern und institutionellen Anlegern anvertraute Kapital in deren, aber auch im eigenen Interesse, ihre Darlehensentscheidungen besonders vorsichtig zu treffen haben; sie holen ein Wertgutachten über das Beleihungsobjekt ein und berechnen dessen voraussichtlichen Ertrag, um auch in Zeiten einer wirtschaftlichen Stagnation oder Rezession Verluste nach Möglichkeit auszuschließen. Die Bodenreformer warfen aber den Schätzern vor, infolge einer angeblichen Abhängigkeit von ihren Auftraggebern, den Hypothekenbanken, zu hohe Grundstückswerte anzusetzen und dadurch an der künstlichen Verteuerung des Bodens und an der Bildung von Spekulationswerten und damit an einem ungerechtfertigten privaten Wertzuwachs mitzuwirken. Damaschke erklärte:

„Da die Hypothekenbanken das größte Interesse haben, möglichst hohe Taxen zu erhalten, um darauf eben möglichst viele Pfandbriefe ausgeben zu können, so ist es nur natürlich, wenn sie sich von den gerichtlichen Sachverständigen diejenigen wählen, die möglichst optimistisch zu urteilen geneigt sind."

Man forderte daher in einer Eingabe an den Preußischen Minister für Landwirtschaft und der Justiz am 5.12.1913 die Einführung von amtlichen Schätzämtern. Die Kritik der Bodenreformer, insbesondere des Bundes „Freiland" gipfelte in der Forderung nach einer Überführung des Realkredits in die öffentliche Hand, damit der Zinsertrag nicht in die Tasche des Privatkapitals fließt, sondern als Grundrente den Kulturaufgaben der Gesamtheit dienstbar gemacht wird.[16])
1919 verlangten Sozialisten und Bodenreformer die *Ver-*

staatlichung des Realkredits. Wiederum kam es nicht dazu. Die Hypothekenbanken konnten nachweisen, daß sie keine monopolistische Konzentration wirtschaftlicher Macht darstellten und daß sie — ebenso wie die entsprechenden öffentlich-rechtlichen Realkreditinstitute — eine der Allgemeinheit zugute kommende kreditwirtschaftliche Tätigkeit (mit angemessener Verdienstspanne) ausübten.

Bestrebungen, das Kreditwesen zu sozialisieren, sind also nicht neu, auch nicht für den Realkredit; nur Motive und Begründungen wechseln. Sie berücksichtigen sämtlich nicht, daß — jedenfalls in einer marktwirtschaftlich orientierten Wirtschaft — ein freier Kapitalmarkt und ein von seiner Funktionsfähigkeit abhängiges Realkreditwesen Voraussetzungen insbesondere für die Finanzierung des Wohnungsbaus sowie für finanzpolitisch angestrebte Entlastungen der öffentlichen Haushalte sind. Auch ein in seinen arbeitsteiligen Sparten sozialisierter Realkredit würde sich — soweit keine Gesamtfinanzierung aus öffentlichen Mitteln erfolgt — zumindest anteilig am Kapitalmarkt refinanzieren. Diese Kapitalmarktmittel aber könnten bei einer ordentlichen Haushaltsführung ebenso wie bei einem privaten Kreditinstitut nur zu marktkonformen Bedingungen (unter Zurechnung eines Verwaltungskostenbeitrages) an den Kreditnehmer weitergeleitet werden. Es wäre nicht auszuschließen, daß eine Verstaatlichung des Realkredits und eine dadurch bedingte Ausschaltung des Wettbewerbs im Realkreditbereich zu einer *Kreditverteuerung* führen und sich damit auf die Höhe der Wohnlasten (Mieten und Belastungen bei Eigentumsmaßnahmen) auswirken würden. Eine sozialpolitisch zu begründende administrative Gegensteuerung erforderte dann die Herabsubventionierung durch öffentliche Mittel und bedingte damit eine Belastung der öffentlichen Haushalte.[17])

II. ENTSTEHUNG UND ENTWICKLUNG DER HYPOTHEKENBANKEN

A. Die vier Gründungszeiträume vor Inkrafttreten des Hypothekenbankgesetzes

Die privaten Hypothekenbanken haben eine weit mehr als hundertjährige Geschichte. Sie wurden überwiegend zum Zwecke der Pflege des Kredits an die Landwirtschaft gegründet, die sich in Zeiten ihres Aufschwungs in einer besonderen Kreditnot befand.

1. Erste Gründungswelle

Zu den ersten Hypothekenbankgründungen gehört die *Bayerische Hypotheken- und Wechsel-Bank,* die 1835 in München zum Zwecke der Hebung des Bodenkredits durch Gewährung von Tilgungshypotheken vor allem an die Landwirtschaft errichtet wurde.[18] Für ihre Ausleihungen stand zunächst nur ihr Eigenkapital zur Verfügung. Erst nach mehreren vergeblichen Versuchen gelang es der auch als Wechselbank tätigen *(gemischten)* Hypothekenbank 1864 die Genehmigung für die Ausgabe von Pfandbriefen zu erreichen.[19] Gleichfalls als gemischte Bank arbeitete seit *1856* in Leipzig die Allgemeine Deutsche Credit-Anstalt (ADCA). Sie erhielt bereits 1858 das Pfandbrief-privileg, gab jedoch ihr Realkreditgeschäft während des Ersten Weltkrieges auf.

2. Zweite Gründungswelle

Der Beginn des zweiten Gründungsjahrzehnts läßt sich auf das Jahr 1862 ansetzen, in dem die *Frankfurter Hypothekenbank* als erste *reine Hypothekenbank* und danach in Meiningen die *Deutsche Hypothekenbank* (jetziger Sitz in Bremen) gegründet wurden. In der zweiten Gründungs-welle entstanden außerdem:

1867 die *Württembergische Hypothekenbank*, Stuttgart,

1869 die *Bayerische Vereinsbank*, München und die *Bayerische Handelsbank*, München,

1870 die *Preußische Central-Bodenkredit-Aktiengesell-schaft*, Berlin,

1871 die *Braunschweig-Hannoversche Hypothekenbank*, Hannover,
die *Hypothekenbank in Hamburg*, Hamburg,
die *Mecklenburgische Hypotheken- und Wechsel-bank*, Schwerin,
die *Rheinische Hypothekenbank*, Mannheim,
die *Süddeutsche Bodencreditbank*, München,
und die *Vereinsbank in Nürnberg*, Nürnberg,

1872 die *Deutsche Hypothekenbank (Actien-Gesell-schaft)*, Berlin.

Eine Anzahl anderer in diesen Jahren gegründeter Hypo-thekenbanken wurde später mit anderen Instituten ver-schmolzen; so:

die *Deutsche Grundcredit-Bank*, Gotha,
die *Leipziger Hypothekenbank*, Leipzig,
die *Pommersche Hypotheken-Actien-Bank*, Köslin,
die *Preußische Hypotheken-Actiengesellschaft*, Berlin,
die *Preußische Boden-Credit-Actien-Bank*, Berlin
und die *Schlesische Boden-Credit-Actien-Bank*, Breslau.

3. Dritte Gründungswelle

Die nächste Welle von Neugründungen begann, nachdem zwischenzeitlich (1886) die *Pfälzische Hypothekenbank* in Ludwigshafen ins Leben gerufen war, um 1890. Sie wurde durch die im Jahre 1893 erfolgte Lockerung der *preußischen Normativbestimmungen* von 1863 (vgl. III. A.) begünstigt. Da nur die Institute eine Konzession und das Pfandbriefprivileg verliehen erhielten, die sich den Normativbestimmungen unterwarfen, erschwerten diese (in Preußen) Neugründungen von Hypothekenbanken.[20]
Von den damals gegründeten Hypothekenbanken bestehen heute noch die *Rheinisch-Westfälische Boden-Credit-Bank*,

Köln und die *Westdeutsche Bodenkreditanstalt*, Köln, Dagegen gaben einige Institute mittlerer Größe, die damals entstanden waren und etwa drei Jahrzehnte recht zufriedenstellend gearbeitet hatten, nach Fusionen mit anderen Instituten ihre eigene Geschäftstätigkeit auf, z.B. die Hannoversche Bodenkredit-Bank, Hildesheim, die Mittledeutsche Bodenkredit-Anstalt, Greiz, die Mecklenburg-Strelitzsche Hypothekenbank, Neustrelitz und die Sächsische Bodencreditanstalt, zuletzt Berlin-Frankfurt.

Die jetzige Münchener Hypothekenbank egMbH wurde 1896 unter der Firma *Bayerische Landwirthschaftsbank eGmbH* gegründet. Sie ist die einzige Hypothekenbank, die als *eingetragene Genossenschaft* nicht die Rechtsform der Aktiengesellschaft hat. Obwohl mit dem Inkrafttreten des Hypothekenbankgesetzes am 1.1.1900 das Hypothekenbankgeschäft auf Aktiengesellschaften und Kommanditgesellschaften auf Aktien beschränkt wurde, durfte die Münchener Hypothekenbank unter Wahrung ihres Rechtscharakters das Hypothekenbankgeschäft weiter betreiben.

4. Die Gründungen in der Zeit nach dem Ersten Weltkrieg

Auch von den nach der dritten Gründungswelle trotz der Ungunst der Zeitverhältnisse nach der Inflation noch ins Leben gerufenen sieben Hypothekenbanken konnten sich nicht alle behaupten. Diese Gründungen erfolgten zwar auch in der Form von Aktiengesellschaften; deren Kapital wurde jedoch ganz oder teilweise von der öffentlichen Hand gehalten.

Die *Deutsche Genossenschafts-Hypothekenbank AG* wurde 1921 von der Preußischen Zentralgenossenschaftskasse gegründet und mit der Abwicklung der Landwirtschaftlichen Creditbank, Frankfurt/Main, beauftragt. Auch der *Württembergische Kreditverein AG*, Stuttgart, ist als Neugründung anzusehen. Er übernahm bei seiner Gründung am 15.10. 1923 Namen, Geschäftsbetrieb und Personal des 1826 gegründeten Württembergischen Kreditvereins. Dieser war ein Zusammenschluß darlehenssuchender Grundstückseigentümer mit dem Ziele der Beschaffung langfristiger Darlehen durch die gemeinsame Ausgabe von Schuldverschreibungen. Als Deckung der Schuldverschreibungen dienten, wie bei den Pfandbriefen der Preußischen Landschaften, die auf den Grundstücken der Vereinsmitglieder (Darlehensnehmer) eingetragenen erstrangigen Hypotheken. Im Rahmen derartiger Geschäfte übte der Württembergische Kreditverein, ohne institutionell als Bank tätig zu sein, seit 1826, d.h. bereits vor der Gründung von Hypothekenbanken, eine der Beleihungstätigkeit einer Hypothekenbank ähnliche Funktion aus. Die Inflation der zwanziger Jahre entwertete die als Eigenkapital im Sinne des Hypothekenbankgesetzes dienenden Rücklagen und führte, unter maßgeblicher Beteiligung der Württembergischen Landeskommunalbank, 1923 zur Gründung einer neuen Aktiengesellschaft gleichen Namens. Der alte Württembergische Kreditverein ging in Liquidation.

Die *Thüringische Landes-Hypothekenbank AG*, Weimar, entstand 1924 durch Firmenänderung aus der 1923 von der *Gemeinschaftsgruppe Deutscher Hypothekenbanken* und der Thüringischen Staatsbank gegründeten Bank für Goldkredit AG, Weimar. Im März 1924 erwarb die Thüringische Staatsbank das von der *Gemeinschaftsgruppe Deutscher Hypothekenbanken* gehaltene Aktienkapital, so daß die Thüringische Landes-Hypothekenbank AG eine 100%ige Tochter der Thüringischen Staatsbank wurde. Das West-Vermögen wurde 1949 als verlagertes Institut unter der Firma *Thüringische Landes-Hypothekenbank AG verlagertes Institut* mit Sitz in Hagen anerkannt. Am 30.12.1961 gründeten sie und die Westfalenbank AG, Bochum, die *Westfälische Hypothekenbank AG*, Hagen (künftig Dortmund), um das der Thüringischen Landes-Hypothekenbank AG versagte Neugeschäft zu reaktivieren. Von der Westfälischen Hypothekenbank AG, Hagen, wird auf Grund eines Betriebsführungsvertrages das gesamte Aktiv- und Passivgeschäft der Thüringischen Landes-Hypothekenbank AG mitverwaltet.

Die *Deutsche Wohnstätten-Hypothekenbank AG*, Berlin, wurde im Jahre 1924 als Tochter der jetzigen Deutschen Bau- und Bodenbank AG gegründet. Als gemeinnütziges Institut und Organ der staatlichen Wohnungspolitik hatte sie, ähnlich wie die Preußische Landespfandbriefanstalt, die zwei Jahre zuvor ins Leben gerufen worden war, die

Aufgabe, bei der Finanzierung, der Erstellung und der Erhaltung von Kleinwohnungen mitzuwirken. Seit 1930 hielt das frühere Deutsche Reich eine unmittelbare Beteiligung an der Gesellschaft. Im Herbst 1949 wurde die Bank zum Zwecke der Abwicklung als verlagertes Institut mit Sitz in Wiesbaden anerkannt. Die Bundesrepublik Deutschland, der auf Grund ihrer unmittelbaren und mittelbaren Beteiligung, ein beherrschender Einfluß zustand, verneinte ein gesamtwirtschaftliches Bedürfnis für den Wiederbeginn eines Neugeschäfts der Bank. Die Deutsche Pfandbriefanstalt, Wiesbaden, übernahm im Jahre 1957 ihr Aktienkapital und die weitere Abwicklung.

Zwei Neugründungen aus den Jahren 1926 und 1928, die *Deutsche Realkreditbank AG*, Dessau und die *Nordwestdeutsche Bodenkreditbank AG*, Bückeburg, kamen kaum oder gar nicht ins Geschäft. Das Bückeburger Institut wurde bald liquidiert, ohne je Pfandbriefe ausgegeben zu haben; die geringen Hypotheken- und Pfandbriefposten der Deutschen Realkreditbank AG, Dessau, gingen durch Fusion auf die Mitteldeutsche Bodenkredit-Anstalt Greiz und Berlin über.

Als letzte (noch heute aktive) Hypothekenbank entstand in diesen Jahren die *Lübecker Hypothekenbank AG*, Lübeck. Die Freie und Hansestadt Lübeck übernahm eine Bürgschaft für die Pfandbriefe des neuen Instituts, dessen Beleihungsgebiet sich zunächst auf Lübeck beschränkte. Im Jahre 1937 dehnte das Institut seine Tätigkeit auf die preußische Provinz Schleswig-Holstein sowie auf Hamburg, nach 1945 auf das ganze Bundesgebiet und West-Berlin aus.

B. Die Hypothekenbanken im gesamtwirtschaftlichen Auf und Ab der letzten hundert Jahre

Die Geschichte der Hypothekenbanken ist von uneinheitlichen, ja gegenläufigen Entwicklungsphasen wie kaum ein anderer Wirtschaftsbereich gekennzeichnet. Dies spiegelt sich nicht nur in ihren Gründungen, Zusammenlegungen und Geschäftsschließungen, sondern auch im Auf und Ab ihrer kreditwirtschaftlichen Bedeutung, vor allem jedoch in dem zweimaligen, inflationsbedingten weitgehenden Verlust ihrer Vermögensbestände wider. Da die Effizienz ihrer Kreditmittlerfunktion einerseits von der Nachfrage nach langfristigen Finanzierungsmitteln, insbesondere für den Wohnungsbau und die Infrastrukturmaßnahmen der öffentlichen Hand und andererseits von der Verfassung des Kapitalmarktes abhängt, ist die Entwicklung der Hypothekenbanken aufs engste mit der gesamtwirtschaftlichen Entwicklung verknüpft.

1. Die Zeit von 1870 bis zum Ersten Weltkrieg

Zwischen 1871 und dem Ersten Weltkrieg ließen das allgemeine Bevölkerungswachstum, die zunehmende Verstädterung und schließlich die wachsenden Einkommen[21] eine schnell steigende Nachfrage nach neuen bzw. qualitativ verbesserten Wohnungen und damit nach Fremdfinanzierungsmitteln für den Wohnungsbau entstehen. Diese wurden vor dem ersten Weltkrieg zum überwiegenden Teil von den Hypothekenbanken zur Verfügung gestellt. Die in dieser Zeit durch eine von Zinsänderungen kaum beeinflußte Bildung erheblichen Sparkapitals schuf die Voraussetzung für einen volumenmäßig beträchtlichen Pfandbriefabsatz zur Refinanzierung der bei den Hypothekenbanken nachgefragten Hypothekendarlehen.

Die expansive Geschäftsentwicklung wurde allerdings in ihrer Kontinuität durch konjunkturelle Abschwächungen und Krisenphasen beeinträchtigt. Die Ende 1873 einsetzende *Gründungskrise* ließ die Hypothekenbanken zunächst unberührt; erst ab 1875, während der sog. *Immobilien-Krise*, in der sie vor allem infolge einer z. T. im Zusammenhang mit Überpari-Emissionen stehenden spekulativen Beleihungspraxis in größerem Umfang ihre Beleihungsobjekte ersteigern mußten, kam es bei einigen Banken zu finanziellen Schwierigkeiten. Der sowohl gesamtwirtschaftlich als auch bei den Hypothekenbanken ruhigeren Entwicklung der 80er Jahre folgte wieder eine Zeit stärkeren Wachstums; der Pfandbriefumlauf erhöhte sich von 1890 bis 1899 auf mehr als das Doppelte.[22]

Nach dieser Aufschwungsphase setzte um 1900 für die

Hypothekenbanken eine *zweite Krisenzeit* ein, die vielfach als *institutioneller Reinigungsprozeß* angesehen wird. Von den rund vierzig privaten Hypothekenbanken gerieten vor allem wegen überhöhter Beleihungen — auch von unbebauten Grundstücken — insgesamt neun in finanzielle Bedrängnis.[23]) Die Deutsche Grundschuldbank fiel in Konkurs. Bei anderen Banken ging das Aktienkapital in unterschiedlicher Höhe verloren, während die Pfandbriefbesitzer mit einem teilweisen Zinsverlust davonkamen. Zu dieser zweiten Hypothekenbank-Krise mögen zwar die stagnierende gesamtwirtschaftliche Entwicklung um die Jahrhundertwende und die verschärften reichseinheitlichen Aufsichts- und Beleihungsbestimmungen des am 1. Januar 1900 in Kraft getretenen *Hypothekenbankgesetzes* (vgl. III. A 2) beigetragen haben. Die Hauptursache der Insolvenzen waren aber sicher betrügerische Handlungen von Bankvorständen.[24]) Nach der Sanierung der Banken und nach Überwindung der echten Vertrauenskrise, folgte etwa ein Jahrzehnt stetigen Wachstums der Hypothekenbanken, das erst durch den Ausbruch des Ersten Weltkrieges im Jahre 1914 beendet wurde.

2. Auswirkungen von zwei Kriegen und von zwei Inflationen in den Jahren 1914-1948

Der Erste Weltkrieg führte zu einem Stillstand des Neugeschäfts: Die Wohnungsbautätigkeit ging beträchtlich zurück, das Pfandbriefgeschäft wurde wegen der Monopolisierung der Geldkapitalnachfrage durch den Staat praktisch bedeutungslos.[25]) Abgesehen von der Finanzierung von Modernisierungsmaßnahmen entwickelte sich in den Jahren 1914-1923 auch kein nennenswertes Darlehensneugeschäft. Die im Krieg eingeführte Wohnraumbewirtschaftung wurde nach Kriegsende nicht wieder aufgehoben. Ihr Fortbestehen beeinträchtigte neben anderen Faktoren den privaten Wohnungsneubau. Der Hauptgrund für die Stagnation der Wohnungsproduktion war wohl die *fortschreitende Inflation*. Der Grundsatz *Mark ist gleich Mark* wurde bis zum Extrem aufrechterhalten. Hypothekendarlehen, mit denen große

Häuserblocks errichtet worden waren, konnten mit dem Gegenwert einer Briefmarke zurückbezahlt werden.[26]) Die bis November 1923 andauernde (galoppierende) Inflation vernichtete bei den Hypothekenbanken nahezu restlos das Ergebnis jahrzehntelanger Arbeit.

Im November 1923 erfolgte die Stabilisierung der Mark. Nach den Eröffnungsbilanzen, die zum 1. 1. 1924 in Goldmark erstellt wurden, waren das Aktienkapital der deutschen Hypothekenbanken auf rd. 22%, die Reserven sogar auf rd. 8% des Standes von 1913 zusammengeschmolzen. Ein Vergleich des Pfandbriefumlaufs aller Hypothekenbanken Ende 1922 in Höhe von 11,8 Mrd. Mark mit dem Ausweis der umlaufenden Pfandbriefe in den Eröffnungsbilanzen zum 1.1.1924 in Höhe von 73 Millionen Goldmark macht die Tiefe des Einschnitts besonders deutlich.[27]) Auf Grund der Aufwertungsgesetzgebung vom 16. Juli 1925[28]) wurden Hypothekenforderungen mit 25% aufgewertet. Die durch diese Aufwertung begünstigten Hypothekenschuldner hatten allerdings zum Ausgleich der Entschuldung ihres Hausbesitzes eine *Gebäudeentschuldungssteuer* zu zahlen; das Aufkommen hieraus diente u.a. der Aufbringung öffentlicher Mittel für den Wohnungsneubau (vgl. IV. A. 4). Die Aufwertungssätze für Pfandbriefe wurden von jedem einzelnen Emittenten nach einem komplizierten Berechnungsverfahren unter Zugrundelegung der jeweiligen Deckungsmasse ermittelt. Im Durchschnitt betrug der Aufwertungssatz für alle Pfandbriefe 20,9%. Damit kamen die Pfandbriefgläubiger im Vergleich zu anderen Geldvermögenbesitzern verhältnismäßig gut weg; denn Kommunalschuldverschreibungen sowie Reichs- und Staatsanleihen wurden nur mit 12,5%, Industrieobligationen mit 15% und Sparkassenguthaben je nach den entsprechenden Deckungen im Mittel mit etwa 12,5% aufgewertet.[29]) Der konjunkturelle Aufschwung nach der Stabilisierung fand seine Entsprechung in der Geschäftsentwicklung der Hypothekenbanken. Die jährlichen Wohnungsbaufertigstellungen — und damit auch die Finanzierungsleistungen der Hypothekenbanken — lagen in den Jahren 1924 bis 1929 weit über der durchschnittlichen Vorkriegsleistung. Den wesentlichen Einflußfaktor hierfür bildete die hohe öffentliche Förderung; mehr als die

Hälfte der Finanzierungsbeträge für den Wohnungsbau von 1924 bis 1929 stammten aus öffentlichen Mitteln (vgl. IV. A 4).[30] Der Pfandbriefumlauf der Hypothekenbanken stieg von 291 Millionen Goldmark Ende 1924 auf 5,746 Mrd. Goldmark in 1931.[31]

Die nach 1929 folgende *Depressionszeit der Weltwirtschaftskrise* traf die Hypothekenbanken verzögert und weniger stark. Der Zusammenbruch des Geld- und Kapitalmarktes Mitte 1931 beeinträchtigte ihr Passivgeschäft. Die Notverordnung vom 8.12.1931[32] ermäßigte die Zinssätze der Schuldverschreibungen auf 6% und senkte den Zinssatz für Hypotheken- und Kommunaldarlehen auf 6,5%. Im Aktivgeschäft wirkte es sich für die Hypothekenbanken nachteilig aus, daß während der Aufschwungphase der späten zwanziger Jahre der Wohnungsbau staatlicherseits prozyklisch gefördert worden war und in den Krisenjahren von 1931 ab ergänzende öffentliche Mittel für die Wohnungsbaufinanzierung nicht mehr zur Verfügung standen (vgl. IV. A 4).

Die wirtschaftliche Entwicklung in den Jahren nach 1933 verschaffte den Hypothekenbanken zunächst gute Wachstumschancen. Die gezielte Umlenkung der Produktionsfaktoren in den Bereich der Rüstungsinvestitionen und der Kapitalströme zur Deckung des öffentlichen Finanzbedarfs entzogen jedoch von 1936 ab den Hypothekenbanken zunehmend ihre Geschäftsmöglichkeiten.[33]

Anfang September 1939 wurde ein vollständiges Neubauverbot erlassen, das Mitte 1940 eingeschränkt wurde. *Neuemissionen* wurden in den Jahren von 1935 bis 1938 nicht oder nur in Höhe von 2% des jeweiligen Umlaufs genehmigt, obwohl Nachfrage nach Pfandbriefen bestand. Das Gesetz über die Durchführung einer Zinsermäßigung bei Kreditanstalten vom 24.1.1935 (RGBl. I S. 45) leitete eine weitere *freiwillige Zinssenkung* auf 4,5% ein. Erst mit dem Inkrafttreten des sog. *Neuen Finanzplanes,* der eine Entlastung des Kapitalmarktes von Emissionen der öffentlichen Hand brachte, wurde 1939 die mehrjährige Emissionssperre gelockert. Durch die Umtauschverordnung vom 8.12.1941 (RGBl. I S. 746) erfolgte die *dritte staatliche Zinssenkungsregelung* seit 1931, die auch für Pfandbriefe eine Zinsherabsetzung von 4,5% auf 4%, den Nominalzins vor dem Ersten

Weltkrieg, zur Folge hatte. Das Vertrauen in den Pfandbrief wurde erschüttert, als im Jahre 1940 die Goldklausel, die nach der Stabilisierung nach 1923 wesentlich zur Konsolidierung des Neugeschäfts beigetragen hatte, beseitigt und die Reichsmark der Goldmark gleichgestellt wurde.[34] Die gewaltige Staatsverschuldung zur Finanzierung des Zweiten Weltkrieges ließ eine durch Preis- und Lohnstopp sowie durch Warenbewirtschaftung zurückgestaute Inflation großen Ausmaßes entstehen.

In der Zeit von Kriegsende im Mai 1945 bis zu der Währungsumstellung war das Neugeschäft der Hypothekenbanken praktisch bedeutungslos. Für den Wohnungsneubau fehlte es nicht an Geldkapital, sondern an Baumaterial. Für die Instandsetzungsmaßnahmen im Altwohnungsbestand bedurfte es kaum des Hypothekenbankkredits. Wie in den Jahren nach dem Ersten Weltkrieg strebten die Hypothekenschuldner eine Verringerung ihrer Schuldverpflichtungen in entwerteter Währung durch außerplanmäßige Rückzahlungen an. Während die Gerichte anders als nach 1918 Rückzahlungen von Goldmark-Hypotheken als unzulässig erklärten, lehnten die Militärbehörden der damaligen Besatzungsmächte ein generelles Rückzahlungsverbot mit der währungspolitischen Begründung ab, *Mark sei gleich Mark*. Ertragssenkende Umschichtungen auf der Aktivseite der Hypothekenbilanzen infolge hoher Darlehensrückzahlungen mit wertgemindertem Geld waren die Folge. Die Deckungsmassen der umlaufenden Pfandbriefe hatten durch Kriegsschäden an den beliehenen Objekten und durch die Teilung Deutschlands Substanzverluste erlitten; für die Darlehensforderungen dienten weitgehend nur Trümmergrundstücke als Sicherheiten.

Nach dem zweiten Zusammenbruch des Geldsystems in Deutschland innerhalb der Zeitspanne einer Generation, wurde die Frage, ob das Pfandbriefsystem überhaupt noch eine Zukunft habe, zugleich eine Frage nach dem Fortbestehen der Hypothekenbanken. Diese sahen sich vor die Entscheidung gestellt, zum zweiten Male innerhalb von drei Jahrzehnten ihr Geschäft neu aufzubauen. Sie entschieden sich für einen Neubeginn und damit für ihr Fortbestehen.

3. Neubeginn und Entwicklung seit der Währungsumstellung von 1948

Die Hypothekenbanken mit dem *Sitz in Berlin,* für die von der Besatzungsmacht bereits im April 1945 die Einstellung des Neugeschäfts verfügt war, waren — wie fast alle übrigen Banken in Berlin — durch die sog. *Ruhensanordnung* des Magistrats von Berlin vom 5. 6. 1945 an für ruhend erklärt worden. Erst auf Grund des Berliner Altbankgesetzes vom 10. 12. 1953 (GVBl. S. 1483) wurden sie in den Jahren 1953-54 zum Neugeschäft wieder zugelassen. Institute mit dem *Sitz in der* damaligen *sowjetischen Besatzungszone* wurden dort geschlossen und enteignet, durften aber, wenn sie im Währungsgebiet eine Geschäftsstelle hatten, im Laufe der Jahre unter besonderen Voraussetzungen ihr Neugeschäft im *jetzigen Bundesgebiet* wieder aufnehmen. Die hier *ansässigen,* von Geschäftsschließungen und Enteignungen nicht betroffenen Hypothekenbanken konnten schon nach der Währungsreform mit einem Neugeschäft in Deutscher Mark beginnen. Die auf Grund des Dritten Gesetzes zur Neuordnung des Geldwesens (Umstellungsgesetz) vom 20. 6. 1948 (WiGBl. 1948, Beilage 5, S. 13) für das Geschäft der Hypothekenbanken getroffene Regelung entsprach nicht deren Erwartungen. Aktiva und Passiva wurden nach gleichen Grundsätzen behandelt wie das inflationär aufgeblähte Geschäftsvolumen der Geschäftsbanken. Die Darlehensforderungen auch der Hypothekenbanken wurden im Verhältnis 1 : 10 umgestellt. Ähnlich wie bei der ersten Währungsreform Gewinnabschöpfungen im Wege der Erhebung von Gebäudeentschuldungssteuern erfolgten, wurde von den Schuldnern von Alt-(RM-)Hypotheken durch die *Lastenausgleichsgesetzgebung* eine Ausgleichs-(Hypothekengewinn-)abgabe von 90% der Hypothekendarlehen zugunsten des Lastenausgleichsfonds erhoben. Im Ergebnis erfolgte damit die *Umstellung von Hypothekenschulden* im Verhältnis 1 : 1. Zwar wurden auf diesem Wege auch die Hypothekengewinne erfaßt; die Umstellungsgrundschulden, die in den Deckungsmassen für umlaufende Pfandbriefe ihren Ursprung hatten, wurden jedoch den eigentlich Berechtigten, den Pfandbriefgläubigern, entzogen und kamen über die *Hypothekengewinnabgabe* allen Lastenausgleichsberechtigten zugute.

Während nach 1925 die durchschnittliche Aufwertung oder — wenn man will — die Abwertung der Pfandbriefe auf fast 21% erfolgte, wurden auf Reichsmark lautende Pfandbriefe im Verhältnis 10 : 1 umgestellt. Die neuen D-Mark lautenden Pfandbriefe wurden mit 4% verzinst und waren steuerfrei. Erst fünf Jahre nach der Währungsreform brachte das *Altsparergesetz* auch den Inhabern von Pfandbriefen, die einen langjährigen Besitz (Erwerb vor dem 1. 1. 1940) nachweisen konnten (Altsparer), als Härteausgleich eine rückwirkende weitere Aufwertung um 10 auf 20%. Damit wurde wenigstens für diesen Personenkreis eine in etwa ähnliche Aufwertungsregelung geschaffen wie die nach 1925.

Zum Ausgleich der durch die Währungsumstellung in ihren Bilanzen entstandenen Unterdeckung der Passiva wurden auch den Hypothekenbanken im sog. Währungsgebiet *Ausgleichsforderungen* gegen den Staat zugeteilt. Deren Verzinsung liegt je nach den durch sie auszugleichenden Passivposten zwischen 0% und 4,5%; so dienten z.B. mit 4,5% verzinsliche Ausgleichsforderungen zur Deckung der Verbindlichkeiten der Hypothekenbanken aus noch umlaufenden 4%igen Schuldverschreibungen, soweit zwischen diesen und den Deckungsforderungen durch Kriegsschäden und Kriegseinwirkungen bedingte Lücken bestanden.

Während der geschäftsstillen Zeit nach der Währungsreform begannen die Hypothekenbanken mit der *Abwicklung ihres Altgeschäfts*, im Passivgeschäft mit der *Wertpapierbereinigung* und im Aktivgeschäft mit der Verwaltung der durch die Währungsgesetze entstandenen *Umstellungsgrundschulden* (bzw. *Hypothekengewinnabgabe*).

Das Neugeschäft hielt sich nach der Währungsreform zunächst in engen Grenzen. Durch die Landeszentralbanken wurden den Hypothekenbanken Ausgleichsforderungen befristet abgekauft und auf diese Weise erste Starthilfen zur Ingangsetzung des Emissionsgeschäfts und zur Vorfinanzierung des Wohnungsbauprogramms 1950 gegeben.[35] Für die Finanzierung des Wohnungsneubaus standen im wesentlichen *zentralgesteuerte* und den Kreis der begünstigten Wohnungssuchenden begrenzende *Mittel der Kapital-sammelstellen* (vor allem der Rentenversicherungen sowie des ERP-Sondervermögens des Bundes und des Lastenausgleichsfonds) zur Verfügung. Die privaten Haushalte waren an der volkswirtschaftlichen Gesamtersparnis, insbesondere am Sparen in Pfandbriefen und Kommunalschuldverschreibungen der Hypothekenbanken nur in geringem Maße beteiligt. Erst das 1. Gesetz zur Förderung des Kapitalmarktes, auf Grund dessen die Ausgabe *steuerfreier Sozialpfandbriefe* als Refinanzierungsgrundlage für die Finanzierung des sozialen Wohnungsbaus gestattet wurde (vgl. A 1 IV), leitete einen neuen Aufschwung der Geschäftstätigkeit ein. Ihm folgte eine über zwanzig Jahre andauerndes, allerdings von inflationären Einflüssen nicht freies Wachstum, das zeitweilig, z.B. von 1955-1957, durch ein stagnierendes Neugeschäft unterbrochen wurde. Während die zum 21.6.1948 zu erstellenden DM-Eröffnungsbilanzen aller reinen Hypothekenbanken zusammen rd. DM 0,63 Mrd. ausmachten, betrugen die addierten Bilanzvolumina zum 31.12.1973 etwa DM 95 Mrd. Der gesamte Schuldverschreibungsumlauf aller privaten Hypothekenbanken erhöhte sich in dieser Zeit von nom. DM 0,6 Mrd. auf nom. DM 78,1 Mrd. Ursache und Entsprechung dieses Wachstums der Hypothekenbanken liegen gesamtwirtschaftlich gesehen in den hohen Sozialproduktzuwachsraten seit Kriegsende, insbesondere in den kriegsfolgebedingten Investitionen der Wohnungswirtschaft, der gewerblichen Wirtschaft sowie der Infrastruktur (vgl. IV). Diese von Vertrauenskrisen unbelastete Entwicklung beweist die Richtigkeit der Entscheidungen der Hypothekenbankleitungen, auf dem nach der Währungsreform von 1948 Verbliebenen ein Neugeschäft aufzubauen und fortzusetzen.

C. Kooperationen, Fusionen und Konzentrationen im Hypothekenbankgewerbe

1. Verschiedene Formen der Kooperation

Die Inflation der zwanziger Jahre war für das Hypothekenbankgewerbe Veranlassung zu ersten — wenn auch nur

rechtlich lockeren — Zusammenschlüssen. Die Hypothekenbanken bemühten sich in dieser Zeit um die *kooperative
Verwirklichung gemeinsamer* geschäftspolitischer *Ziele, die*
von einer einzelnen Bank allein nicht — zumindest nicht
rationell — verwirklicht werden konnten. Das Eigenkapital
auch der Hypothekenbanken war entwertet; ihre Rentabilität bedurfte einer nachhaltigen Verbesserung. Hierzu
waren Kostensenkungen erforderlich. Der Pfandbriefabsatz
mußte intensiviert werden. Die erkennbar werdende Ten-
denz zur Großbeleihung bedingte Risikomischungen. Organisatorische Möglichkeiten für eine echte Kooperation sah
man in der Gründung von Zusammenschlüssen rechtlich
selbständig bleibender Hypothekenbanken in der Form
von Interessengemeinschaften.

1921 bildeten in Berlin die Deutsche Hypothekenbank
(Meininger) und die Preußische Boden-Credit-Aktienbank
die *Gemeinschaftsgruppe Deutscher Hypothekenbanken.*
Diese vergrößerte sich bis 1924 um weitere sechs auf acht
Institute, 1930 traten die Frankfurter Hypothekenbank,
die Sächsische Bodencreditanstalt und die Deutsche Central-
bodenkredit—Aktiengesellschaft der Gemeinschaftsgruppe
bei. Einige ihr angehörende Institute fusionierten und
trugen damit zu einer zahlenmäßigen Verringerung des
übersetzten Hypothekenbankgewerbes bei.[36] Die Anzahl
der zur Gemeinschaftsgruppe gehörenden Hypothekenbanken ging auf sechs, die Deutsche Centralbodenkredit-
Aktiengesellschaft, die Deutsche Hypothekenbank (Meininger), die Frankfurter Hypothekenbank, die Mecklenburgische Hypotheken- und Wechselbank, die Sächsische
Bodencreditanstalt und die Westdeutsche Bodenkreditanstalt zurück.

Die für die Gemeinschaftsgruppe gültige Gemeinschafts-
verfassung sah eine Gemeinschaftsdirektion und einen
Gemeinschaftsrat (ab 1924 alternierender geschäftsführen-
der Vorsitz: Commerzbank — Deutsche Bank) als oberstes
Organ der Gruppe vor. Personal- und Geschäftspolitik der
in der Gemeinschaftsgruppe zusammengeschlossenen Institute wurden durch diese gemeinschaftlichen Organe, in
denen Vorstände und Aufsichtsratsmitglieder aller beteiligten Banken vertreten waren, und durch den Austausch von
Vorstands- und Aufsichtsratsmitgliedern aufeinander abge-

stimmt. Zunächst erfolgte ein Ertragsausgleich zwischen den Gemeinschaftsbanken in Form einer Gewinnpooling, später die Zahlung einer für alle Geschäftsbanken einheitlichen Dividende.[37]

Die Pfandbriefe der einzelnen Institute trugen den gemeinsamen Aufdruck „Gemeinschaftsgruppe Deutscher Hypothekenbanken." Die Gemeinschaftsgruppe vereinigte schließlich rd. 50% des Hypothekenbestandes aller privaten Hypothekenbanken auf sich. In der Fachpresse und im wissenschaftlichen Schrifttum wurden daher Monopolbefürchtungen laut; insbesondere wurde von einer Überspannung von Konzentrationsbewegungen gewarnt.[38] Praktisch ist die Gemeinschaftsgruppe, deren Bestehen bis 1967 vereinbart war, mit dem Zusammenbruch des Deutschen Reiches nach dem Zweiten Weltkrieg erloschen.

Im November 1922 wurde mit Wirkung vom 15.2.1923 unter maßgeblichem Einfluß der Preußischen Central-Bodenkredit-Aktiengesellschaft die *Deutsche Central-Bodenkredit-Vereinigung* mit Sitz in Berlin gleichfalls als Interessengemeinschaft ins Leben gerufen. Ihr schlossen sich die Deutsche Grundcredit-Bank, die Rheinisch-Westfälische Boden-Credit-Bank und die Braunschweig-Hannoversche Hypothekenbank an. Die Gründung erfolgte nicht zuletzt zum Zwecke der Aufrechterhaltung eines gewissen *Marktgleichgewichts* gegenüber der Gemeinschaftsgruppe. Gegenstand der Zusammenarbeit sollte vor allem die *Pflege des Kommunalkreditgeschäfts sein,* das im Rahmen des von Gemeinden betriebenen Siedlungs- und Wohnungsbaus den Kreditbedarf im Bereich der öffentlichen Versorgung (Infrastruktur) ansteigen ließ. Offenbar entsprach das Ergebnis der Kooperation, die sich später auf einen reinen Erfahrungsaustausch beschränkte, nicht den Erwartungen der beteiligten Institute. Die Vereinigung löste sich nach der Stabilisierung der Mark im Oktober 1926 wieder auf.[39]

Vor allem zum Zwecke eines Erfahrungsaustausches und der Kooperation im Real- und Kommunalkreditgeschäft, sicher aber auch als Reaktion auf die norddeutschen Zusammenschlüsse[40] bildeten 1923 die Bayerische Hypotheken- und Wechselbank, die Frankfurter Hypothekenbank, die Pfälzische Hypothekenbank, die Rheinische Hypothekenbank, die Süddeutsche Bodencreditbank und die Württembergische Hypothekenbank die *Arbeitsgemeinschaft Süddeutscher Hypothekenbanken*. Diese suchte nach Wegen, um den immer deutlicher werdenden monetären Folgen der Geldentwertung, soweit möglich, entgegenzuwirken. Auch diese Institute blieben selbständig; auch sie gaben keine gemeinsamen Emissionen heraus, bezeichneten sich jedoch auf ihren Pfandbriefen und Kommunalschuldverschreibungen als Mitglieder der Arbeitsgemeinschaft. 1923 gründeten sie die *Süddeutsche Festwertbank AG* in Stuttgart. Zur Sicherung ihrer Darlehen sollten, um zugleich deren Wertbeständigkeit zu erreichen, anstelle von Hypotheken Reallasten bestellt werden. Da die Hypothekenbanken bald darauf[41] selbst die gesetzliche Möglichkeit erhielten, wertbeständige Darlehen zu gewähren, ist es zu Hypothekenausleihungen durch die Süddeutsche Festwertbank AG nicht gekommen. Sie gewährte lediglich Kommunaldarlehen in Höhe von rd. RM 5 Mio und gab Kommunalschuldverschreibungen in gleicher Höhe aus. Nach Abwicklung dieser Darlehen trat die Süddeutsche Festwertbank AG 1937 in Liquidation und wurde 1938 im Handelsregister gelöscht. Die nunmehr von den Gründerinstituten auf Feingoldbasis gewährten Hypotheken ermöglichten die *Bildung eines wertbeständigen Deckungsstocks*, der mit der Errichtung des aufgelösten Gemeinschaftsinstituts angestrebt war.

Der einzige in den Inflationsjahren (1923) gegründete und heute noch bestehende Hypothekenbankenverbund ist der der *Bayerischen Vereinsbank*. Ihm gehören die Bayerische Vereinsbank selbst, die Bayerische Handelsbank, die Vereinsbank in Nürnberg und die Süddeutsche Bodencreditbank an. Diese Gruppe geht auf das Jahr 1921 zurück, als die Bayerische Handelsbank und die Vereinsbank in Nürnberg, die bis dahin als gemischte Hypothekenbanken tätig waren, ihr Bankgeschäft auf die Bayerische Vereinsbank übertrugen. 1937 erwarb die Bayerische Vereinsbank auch die Mehrheit an der Süddeutschen Bodencreditbank, Nach dem Krieg wurden die Beteiligungen zunächst durch Paketverkauf vermindert, schließlich jedoch durch die Fusion mit der Bayerischen Staatsbank bzw. durch Zukauf von Aktien wieder auf eine Mehrheit erweitert. Heute sind die Bayerische Handelsbank, die Vereinsbank in Nürnberg und die Süddeutsche Bodencreditbank zwar in die Konzernbilanz der Bayerischen Vereinsbank einbezogen, werden jedoch als selbständige Hypothekenbanken mit eigener geschäftspolitischer Verantwortung geführt. Das Bilanzvolumen der vier Institute im Hypothekenbankgeschäft betrug Ende 1973 DM 19,8 Mrd.

2. Fusionen bis zum Zweiten Weltkrieg

Die Konzentrationsbewegung der zwanziger Jahre im Wege der Bildung von Interessengemeinschaften war 1930 beendet. Die interessante Geschichte der *Fusionen (Gelegenheitsverschmelzungen)*, von denen die süddeutschen Institute vergleichsweise wenig berührt wurden, im einzelnen zu verfolgen, ist aus Raummangel nicht möglich. Da die Grundbucheintragungen vielfach noch auf die alten Firmennamen lauten und auch in Wiedergutmachungs- und Erbschaftsangelegenheiten nach dem rechtliche Schicksal nicht mehr bestehender Institute gefragt wird, gibt ein Verzeichnis im Anhang Aufschluß über diese Banken und ihre Rechtsnachfolger.

3. Kooperation durch Beteiligung

Bestrebungen um eine zwischenstaatliche Kooperation im Beteiligungswege fanden ihre erste Verwirklichung in einer Gemeinschaftsgründung in der Schweiz. Im März 1931 gründeten eine Reihe deutscher Großbanken, Hypothekenbanken und Privatbankiers sowie schweizerische, französische, englische, amerikanische und schwedische Institute die *Internationale Bodenkreditbank, Basel*. In der Nachbarschaft der Bank für Internationalen Zahlungsausgleich sollte sie vor allem eine international zinsausgleichende Funktion zwischen den nationalen Kapitalmärkten übernehmen. Auf dem Gebiet des europäischen Realkredits war der Erwerb von Pfandbriefen führender Hypothekeninstitute und die Gewährung von Hypothekendarlehen vorgesehen. Die Internationale Bodenkreditbank war nach ihrer Satzung berechtigt, auf sfrs. lautende Schuldverschreibungen zu emittieren und dafür auch Pfandbriefe

„erster in- oder ausländischer Bodenkreditinstitute" als Deckung hereinzunehmen. Die 1931 erstmals aufgelegten Schuldverschreibungsemissionen konnten — wohl nicht zuletzt wegen der damaligen Wirtschaftskrise — nur in verhältnismäßig kleinem Umfang plaziert werden. Die mit der Gründung verbundene Zielsetzung, ein internationales Finanzierungsinstitut für den langfristigen Realkredit zu errichten, konnte nachhaltig nicht verwirklicht werden.

Im Jahre 1960 erwarb der Schweizerische Bankverein die Kapitalmehrheit an der von ihm mitgegründeten Internationalen Bodenkreditbank. Das Institut wurde in eine auf den schweizerischen Realkredit spezialisierte Bank, die Bank für Hypothekarkredite, umgewandelt. Die deutschen Hypothekenbanken gaben ihren Aktienbesitz auf.

4. Konzentration und Kooperation nach dem Zweiten Weltkrieg

Eine mit den der Kooperation und der Konzentration dienenden Interessengemeinschaften der zwanziger Jahre vergleichbare Gruppenbildung blieb nach dem Zweiten Weltkrieg aus. Vielleicht war es die Erinnerung an die *unzureichende Effizienz früherer Zusammenschlüsse*, die entsprechende Neugründungen nicht wieder entstehen ließ. Sicher hat auch eine sich im Laufe der Jahre entwickelte straffe Verbandsorganisation dazu beigetragen, von neuen Einzelgruppenbildungen abzusehen. Dagegen entwickelten sich nach 1948 nicht nur steuerlich zu erklärende Schachtelbeteiligungen von Kreditbanken, Versicherungen und anderen Kapitalsammelstellen am Aktienkapital von Hypothekenbanken. Auch deren Spezialkreditstatus trug sicher wesentlich dazu bei, daß vor allem private Kreditbanken ihre geschäftspolitischen Interessen zunehmend auf dem Wege über Beteiligungen wahrzunehmen beabsichtigten. Die öffentlich-rechtlichen Kreditinstitute hatten sich bereits weitgehend durch Fusionen zu größeren Einheiten zusammengeschlossen. Der von ihnen auf die privaten Banken ausgehende Wettbewerbsdruck verstärkte deren Bemühen, im langfristigen Bereich sowohl im Inlands- wie im Auslandsgeschäft Wettbewerbsbegradigungen zu erreichen und neue Wettbewerbspositionen aufzubauen.[42]) Die Hypothekenbanken bildeten wegen ihrer zukunftsbezogenen kreditwirtschaftlichen Aufgaben, insbesondere im Rahmen der Finanzierung des Wohnungsneubaus sowie wegen ihrer Möglichkeiten der langfristigen Kreditgewährung auch in anderen Wirtschaftsbereichen und für Zwecke der Infrastruktur eine geeignete und wünschenswerte Ergänzung der Geschäftstätigkeit vor allem der Großbanken[43]).

Ihnen wie anderen privatrechtlichen Kreditinstituten, die nicht Hypothekenbanken sind, ist es nach § 5a HBG *nicht gestattet*, Schuldverschreibungen unter der Bezeichnung *Pfandbrief* in Verkehr zu bringen und sich über die Emission von Pfandbriefen zu refinanzieren. Die durch das *Pfandbriefprivileg* ermöglichten langfristigen Kreditfazilitäten der Hypothekenbanken boten Geschäftsbanken und Versicherungen deshalb Kooperationsmöglichkeiten und Ergänzungen ihres eigenen Dienstleistungsangebots. Sie erhöhten daher in der Nachkriegszeit nach und nach ihre bestehenden Beteiligungen am Aktienkapital der Hypothekenbanken, die nur in begrenztem Umfang noch Publikumsgesellschaften waren, oder erwarben neue Schachtelbeteiligungen. Seit der Jahreswende 1970/71 begann mit einem Schachtelaustausch bei der Rheinischen Hypothekenbank und dem damit verbundenen Erwerb einer Mehrheitsbeteiligung durch die Commerzbank AG eine weitgehende *kapitalmäßige Umschichtung im Hypothekenbankgewerbe* und in Verfolg davon eine geschäftspolitische Konzentration der Kapitaleigener auf bestimmte Hypothekenbanken; die Wirtschaftspresse sprach davon, daß sich das *Hypothekenbanken-Karussell* zu drehen begonnen habe.[44]) Die Hypothekenbank-*Töchter* ihrerseits erweiterten durch die verstärkte geschäftspolitische Bindung an ihre Mütter ihren eigenen Geschäftsradius; sie erhielten Akquisitionsvorteile, vor allem aber — sowohl im Wertpapier- wie im Beleihungsgeschäft — durch Ausnutzung aller Möglichkeiten der Zusammenarbeit mit einem Großbankfilialnetz die ihnen bis dahin weitgehend fehlende Kundennähe. Sichtbare Formen einer Kooperation zwischen Geschäftsbank-Müttern und ihren Hypothekenbank-Töchtern bilden die sog. *Baufinanzierungen aus einer Hand.*[45])

Auch nach der *Kapitalarrondierung* ist eine Fusion der in die sog. *Flurbereinigung* mit ihren Großaktionären einbezogenen Hypothekenbanken nicht erfolgt. Dazu hat sicher auch die Überlegung beigetragen, daß deren Pfandbriefprivileg bei einer Fusion mit einer Geschäftsbank gemäß §§ 1, 5 und 5a HBG verloren gegangen wäre (vgl. hierzu III. B 1). Dagegen wurden die Deutsche Hypothekenbank, Bremen und die Sächsische Bodencreditanstalt 1972/73 fusioniert. Die Verschmelzung der Rheinischen Hypothekenbank und der Westdeutschen Bodenkreditanstalt ist beabsichtigt. Die Beantwortung der Frage, ob diese Zusammenschlüsse den Beginn einer zweiten Konzentrationsphase bedeuten, ob insbesondere weitere Fusionen von Hypothekenbanken erfolgen werden, wird von kredit- und geschäfts- sowie unternehmenspolitischen Überlegungen vor allem des jeweiligen Großaktionärs sowie von Rationalisierungsmöglichkeiten abhängen. Bei allen Fusionsüberlegungen wird die Tatsache von Bedeutung sein, daß der *Goodwill des Pfandbriefnamens* als ein Hauptaktivum des jeweils aufgenommenen Instituts verloren geht und daher der Emissionskredit der aufnehmenden Hypothekenbank rechnerisch nicht vervielfacht werden kann.

Eine Kooperationsmöglichkeit im Bankenverbund kann darin bestehen, daß die Hypothekenbank-Töchter besondere regionale und funktionale Aufgabenstellungen übernehmen. Das wiederum schließt — zumindest im Grundsatz — nicht aus, daß auch Hypothekenbanken verschiedener Konzernzugehörigkeit kooperieren und z.B. Darlehenskonsortien für Großkredite bilden, ebenso wie es ihre Großaktionäre tun. Dagegen dürfte im Schuldverschreibungsgeschäft, insbesondere im Rahmen bankindividueller Emissionsaktivitäten eine Kooperation schwer vorstellbar sein. In diesem Geschäftsbereich ist der Zusammenschluß aller, d.h. privater und öffentlich-rechtlicher Pfandbriefinstitute in dem im Jahre 1955 gegründeten *Gemeinschaftsdienst der Boden- und Kommunalkreditinstitute* die nahezu optimale Erscheinungsform einer Kooperation.

Im jeweiligen *Konzernverbund* sind nunmehr die aktienrechtlichen Vorschriften für den Bericht des Vorstands über Beziehungen zu verbundenen Unternehmen (§ 312 AktG) sowie für die Aufstellung von Konzern-Abschluß und

Konzern-Geschäftsbericht die §§ 329 ff. AktG anzuwenden.

5. Kooperation und Interessenvertretung auf Verbandsebene

Vor dem Ersten Weltkrieg wurden gemeinsame Interessen des Hypothekenbankgewerbes von dem 1902 vor allem zum Zwecke der gemeinsamen Regelung der Absatzprovisionen für den Vertrieb von Pfandbriefen und Kommunalschuldverschreibungen gegründeten *Sonderausschuß für das Hypothekenbankwesen im Centralverband des deutschen* Bank- und Bankiergewerbes[46]) und seit 1933 von der *Fachgruppe privater Hypothekenbanken* in der *Wirtschaftsgruppe privates Bankgewerbe* wahrgenommen. Diese wurde nach Kriegsende von den Alliierten verboten.

Danach bildeten sich zunächst jeweils lediglich lose Kontakte unter norddeutschen und süddeutschen Hypothekenbanken. Erst Mitte 1948 schlossen sich die Hypothekenbanken, die in den drei westlichen Besatzungszonen ihren Geschäftsbetrieb wieder aufgenommen hatten, in zwei regional begrenzten *Arbeitsgemeinschaften* zusammen; diese wurden im Vereinsregister eingetragen und bildeten am 23.9. 1948 als Gesamtvertretung die (Bizonale) *Arbeitsgemeinschaft des privaten Hypothekenbankgewerbes.* Sie befaßte sich mit einer Vielzahl das Gewerbe berührenden Fragen, u.a. mit Währungsumstellung, Lastenausgleich und Wohnungsbaufinanzierung.

Im Januar 1953 wurde der *Verband privater Hypothekenbanken e.V.* in Bonn gegründet; die Arbeitsgemeinschaft ging in ihm auf, die beiden regionalen Arbeitsgemeinschaften wurden Anfang 1956 formal aufgelöst. Der Verband ist nach seiner Satzung ein „Zusammenschluß der privaten Hypothekenbanken mit dem Zweck der Pflege der gemeinsamen Berufsaufgaben". Hierzu gehören insbesondere die Wahrnehmung der Rechte und Interessen der Mitgliedsinstitute auf dem Gebiet der Wirtschafts-, Kapitalmarkt- und Steuerpolitik sowie der Rechtsgestaltung, die Unterstützung und Beratung der Behörden in allen, das private Hypothekenbankgewerbe betreffenden Angelegenheiten, die Wahrnehmung der Interessen der Mitgliedsinstitute im Rahmen des Bundesverbandes des privaten Bankgewerbes e.V.

und gegenüber anderen Berufsverbänden sowie der Beratung, Betreuung und Unterrichtung der Mitgliedsinstitute. Ende 1973 gehörten dem Verband 24 Institute an (vgl. S. 167 ff.)

Die Arbeitsgemeinschaft des privaten Hypothekenbankgewerbes war seit 1951 wie später auch der Verband privater Hypothekenbanken korporatives Mitglied im Bundesverband des privaten Bankgewerbes e.V., dem jetzigen *Bundesverband deutscher Banken e.V.*, Köln; die Hypothekenbanken entsenden Vertreter in seine Organe.

Der Verband privater Hypothekenbanken gehört schließlich der 1967 gebildeten *Fédération Hypothécaire* in Brüssel an und ist im Arbeitsausschuß *Crédit Immobilier* innerhalb der EG-Bankenvereinigung vertreten. Er beweist hierdurch auch organisatorisch sein Interesse am grenzüberschreitenden Kreditgeschäft der privaten Hypothekenbanken im europäischen Bereich.

1955 entstand in der Rechtsform einer Gesellschaft bürgerlichen Rechts der *Gemeinschaftsdienst der Boden- und Kommunalkreditinstitute* in Frankfurt. Satzungsgemäß hat er die Aufgabe, die Öffentlichkeit über die Bedeutung des Boden- und Kommunalkredits aufzuklären. Der Verband privater Hypothekenbanken ist korporatives Mitglied auch des Gemeinschaftsdienstes. Die einzelnen Hypothekenbanken gehören ihm über die Mitgliedschaft in ihrem Verband an.

6. Kooperation durch freiwillige Selbstkontrolle

Dem im Februar 1957 ins Leben gerufenen *Zentralen Kapitalmarktausschuß (ZKMA)* gehören Vertreter der im Wertpapiergeschäft tätigen Kreditinstitute, d.h. außer Großbanken, Regionalbanken, Girozentralen, öffentlich-rechtlichen Kreditinstituten auch die privaten Hypothekenbanken mit Sitz und Stimme an. Der ZKMA befaßt sich zwar nur mit Anleihevorhaben der Einmalemittenten und gibt insoweit kapitalmarktpolitische Empfehlungen, um insbesondere den Rentenmarkt vor Überforderungen zu schützen. Einer seiner Hauptaufgaben liegt jedoch in einem Erfahrungsaustausch aller Emittentengruppen mit dem Ziel, die Emissionspolitik von Daueremittenten (d.h. auch der

Hypothekenbanken) und der Einmalemittenten allgemein aufeinander abzustimmen. Man hat den ZKMA, der auf Grund freiwilliger Verpflichtung als privat-autonomes Gremium tätig ist und echte kooperative Funktionen ausübt, als „Modell einer freiwilligen Selbstkontrolle" bezeichnet.[46a]

III. DIE RECHTLICHEN GRUNDLAGEN DES HYPOTHEKENBANKGESCHÄFTS

A. Entwicklung

1. Satzungen und landesrechtliche Regelungen vor 1900

Die Verleihung des *Pfandbriefprivilegs* an Hypotheken-banken als privatrechtliche Kreditinstitute, erfolgte erst spät und nur zögernd (vgl. unter I. C und II); ihr Geschäft war von Anfang an strengen Normen unterworfen. Eine reichseinheitliche gesetzliche Regelung des Hypotheken-bankwesens trat zwar erst mit Beginn des Jahres 1900, also rund 65 Jahre nach Gründung der ersten Hypotheken-bank in Deutschland in Kraft; doch enthielten bis dahin die im Einzelfall für die Zulassung zum Hypothekenbank-geschäft notwendigen Satzungsbestimmungen die zum Schutz der Pfandbriefgläubiger erforderlichen Grundsätze. Vor allem mußten sich die Institute einer staatlichen Aufsicht unterstellen, die die Einhaltung der Satzungs-bestimmungen über die Pfandbriefdeckung durch erststellige Hypotheken und die Begrenzung des Pfandbriefumlaufs zu überwachen hatte.

Über die jeweils nur die einzelne Hypothekenbank be-treffenden Regelungen hinaus hatte Preußen schon vor dem Entstehen des Deutschen Reiches für die Tätigkeit der Hypothekenbanken allgemeine Normativbestimmungen erlassen. Ihre erste Fassung trägt das Datum vom 6.7.1863. Trotz einer Änderung am 22.6.1864 blieben sie, insbe-sondere wegen einer zu engen Begrenzung des Pfandbrief-umlaufs und der Bindung des Beleihungswertes an veraltete Steuermeßzahlen, als Grundlage für eine gedeihliche und funktionsgerechte Entwicklung der Hypothekenbanken un-geeignet. Deshalb befreite die preußische Regierung selbst die zur Behebung des die wirtschaftliche Entwicklung hemmenden Mangels an Realkredit 1870 gegründete Preußi-sche Central-Bodenkredit-Aktiengesellschaft von den Nor-mativbestimmungen. Das Institut durfte sich auf die Be-achtung seiner Statuten beschränken, die hinsichtlich der Beleihungshöhe, des Taxverfahrens und des Wirkungskreises erhebliche Erleichterungen gegenüber den Normativbestimmungen enthielten. Auch die Frankfurter Hypothekenbank, die vier Jahre nach ihrer 1862 erfolgten Gründung (bei der Eingliederung der Freien Reichsstadt Frankfurt) preußischem Recht unterstellt wurde, blieb von den Normativbestimmungen ausgenommen. Erst als diese 1893 unter Berücksichtigung vieler bei den Beratungen über das spätere Hypothekenbankgesetz gewonnenen Erfahrungen erneut geändert worden waren, bildeten sie eine brauchbare Grundlage für die Gründung mehrerer Hypothekenbanken in Preußen, so z.B. der Rheinisch-Westfälischen Boden-Credit-Bank und der Westdeutschen Bodenkreditanstalt in Köln sowie der Hannoverschen Bodenkredit-Bank in Hildesheim. Zu dieser Zeit erließen auch Baden, Elsaß-Lothringen, Mecklenburg-Schwerin, Mecklenburg-Strelitz und Schwarzburg-Sondershausen gesetzliche Bestimmungen für Hypothekenbanken, nachdem bereits 1885 in Sachsen-Coburg-Gotha (wahrscheinlich im Zusammenhang mit den bei der Deutschen Grundcredit-Bank, Gotha, damals aufgetretenen Schwierigkeiten) ein solches Gesetz erlassen war.

2. Das Hypothekenbankgesetz

Das am 13.7.1899 (RGBl. S. 375 ff.) nach jahrelangen Vorarbeiten verkündete und am 1.1.1900 gleichzeitig mit dem Bürgerlichen Gesetzbuch in Kraft getretene Hypothekenbankgesetz brachte nicht nur eine reichseinheitliche, sondern bis auf den heutigen Tag auch in ihren Grundzügen unveränderte Gestaltung des Rechts der Hypothekenbanken. Die praktische Durchführung des Gesetzes blieb zwar zunächst Ländersache. Dennoch ist die Übereinstimmung der Zulassungs- und Aufsichtsnormen, vor allem aber auch der für den Geschäftskreis der Hypothekenbanken geltenden rechtlichen Beschränkung trotz einer Reihe von Gesetzesänderungen, so etwa durch die bereits erwähnte Neufassung vom 5.2.1963 (BGBl. I S. 81, 368) und durch die am 1.4.1974 in Kraft getretenen Änderungen des Hypothekenbankgesetzes und des Schiffsbankgesetzes vom 11.3.1974 (BGBl. I, S. 671)[47] erhalten geblieben. Seit mehr als 73 Jahren haben die wesentlichen rechtlichen Eigenarten der Hypothekenbanken und die ordnungspolitischen Prinzipien, auf denen ihr Geschäft und ihre Funktionsfähigkeit beruhen, keine Änderung erfahren. Sie lassen sich systematisch in den Begriffen *Spezialitätsprinzip, Kongruenzprinzip* und *Deckungsprinzip* zusammenfassen.

B. Die drei normativen Grundprinzipien

1. Das Spezialitätsprinzip

Dem Pfandbriefprivileg privater Hypothekenbanken entspricht nach dem Hypothekenbankgesetz deren grundsätzliche Beschränkung auf das *Hypotheken- und Kommunaldarlehensgeschäft* sowie gewisse *risikoarme Neben- und Hilfsgeschäfte.* Damit soll ausgeschlossen werden, daß die Hypothekenbanken als Kreditinstitute des privaten Rechts, die zum unbeschränkten Ausgleich von Verlusten nicht imstande sind, die Sicherheit der ihnen anvertrauten Kapitalien durch riskante Bankgeschäfte gefährden.

Von diesem Grundsatz der Risikobeschränkung durch Spezialisierung blieben gemäß § 46 HBG nur die Institute ausgenommen, die bereits am 1. Januar 1900 bestanden und damals schon neben den Hypothekenbankgeschäften weitere Bankgeschäfte betrieben. Heute machen von diesem Recht des erweiterten Geschäftsbetriebs noch *drei* sog. *gemischte Hypothekenbanken* Gebrauch, nämlich die Bayerische Hypotheken- und Wechsel-Bank, die Bayerische Vereinsbank — beide in München — und die Norddeutsche Hypotheken- und Wechselbank in Hamburg. Zum Ausgleich der höheren Risiken sind diese Institute zu einer höheren Eigenkapitalausstattung verpflichtet. Ihr Umlauf an Pfandbriefen und Kommunalschuldverschreibungen darf jeweils das 20fache und ihr übriges Bankgeschäft — nach Maßgabe der Eigenkapitalanforderung nach dem Kreditwesengesetz — mit Ausnahme der Hypotheken- und Kommunaldarlehen (vgl. III C 2) — das 18fache des haftenden Eigenkapitals nicht übersteigen.[48] Da eine interne Trennung des Hypothekenbankgeschäfts vom allgemeinen Bankgeschäft besteht, kommt insoweit das in seiner kreditwirtschaftlichen und rechtlichen Bedeutung zu behandelnde Spezialitätsprinzip auch bei den gemischten Hypothekenbanken zur Geltung.

a) Risikominderung durch Spezialisierung

Der Grundsatz, daß die Gläubiger einer Hypothekenbank keine anderen Risiken tragen sollten als diejenigen, die dem besonders vorsichtigen Hypothekar- und dem Kommunaldarlehensgeschäft anhaften, ist mit gewissen Einschränkungen noch heute unverändert gültig, auch wenn sich der Kreis der zulässigen Nebengeschäfte erweitert hat. Unverändert geht das Gesetz davon aus, daß es trotz der später darzustellenden besonderen Deckungsbestimmungen für Pfandbriefe und Kommunalschuldverschreibungen einer *Beschränkung des Geschäftsrisikos* bedarf. Daraus, daß die Novelle 1974 beispielsweise die Möglichkeit der Ausgabe nicht deckungspflichtiger Schuldverschreibungen in beschränktem Umfang eröffnet hat, kann nicht auf die Zulassung eines partiell gemischten Geschäfts geschlossen werden. Der Zusammenbruch einer Hypothekenbank würde trotz ausreichender Deckung nicht nur für deren Schuldverschreibungsgläubiger nachteilige Wirkungen, z.B. die Unverkäuflichkeit umlaufender Pfandbriefe, sondern darüber hinaus die Schädigung des Emissionskredits der Hypothekenbanken allgemein und dementsprechend nicht übersehbare Absatzschwierigkeiten bei Schuldverschreibungen zur Folge haben; damit würde vor allem das Ansehen des Pfandbriefs als bewährter Spar- und Anlageform gefährdet.

Das Spezialitätsprinzip soll nicht nur eine Begrenzung der Risiken durch Einengung des Geschäftskreises bewirken. Seine ordnungspolitische Zielsetzung liegt nicht zuletzt auch darin, die Risikostruktur der einzelnen Bank überschaubar zu machen und vor allem deren Risikobereitschaft zu verringern.

Anders als in dem durch individuelle und flexible Kreditbearbeitung gekennzeichneten allgemeinen Bankgeschäft setzt die Langfristigkeit der Kredite und deren Eignung zur Pfandbriefdeckung im Geschäft der Hypothekenbanken ein Verfahren bei der Durchführung des Kreditgeschäfts voraus, das auf weitgehend abstrakten, an generellen Sicherheitsanforderungen ausgerichteten Regeln beruht. Die Kreditentscheidungen sind im allgemeinen auf wenige typische Sachverhalte beschränkt und an die Beachtung bestimmter Kriterien gebunden. Eine Hypothekenbank wird zwar auch die persönliche Kreditwürdigkeit eines Darlehensnehmers vor der Kreditgewährung sorgfältig prüfen und zur Grundlage ihrer Kreditentscheidung machen; auch sie wird die Entwicklung der wirtschaftlichen Verhältnisse ihrer Schuldner während der Darlehenslaufzeit im Rahmen ihrer Möglichkeiten beobachten; einen Kredit aber darf sie nur gewähren, wenn den Bestimmungen des Hypothekenbankgesetzes entsprechende Sicherheiten bestellt werden.

Das Spezialitätsprinzip bedeutet also Risikobeschränkung nicht allein durch eine generelle Ausschaltung besonders risikobehafteter Kreditarten, sondern auch durch eine institutionelle Verringerung der Risikobereitschaft bei der Kreditentscheidung im Einzelfall. Dieses Merkmal des Spezialitätsprinzips gewinnt im Geschäft der *gemischten Hypothekenbanken* besondere Bedeutung. Da von einer Risikobeschränkung angesichts des nahezu unbegrenzten Geschäftsbereichs dieser Banken kaum gesprochen werden kann, kommt es wesentlich darauf an, zumindest das *Deckungsgeschäft* von den Risiken des *allgemeinen Bankgeschäfts* freizuhalten und den Anforderungen des Hypothekenbankgesetzes in dem von ihm geregelten Geschäftsbereich uneingeschränkt Geltung zu verschaffen. Bei den gemischten Hypothekenbanken erwächst dementsprechend aus dem Spezialitätsprinzip das Erfordernis der *Risikotrennung,* dem — wie bei der Bayerischen Hypotheken- und Wechsel-Bank und der Bayerischen Vereinsbank — durch eine klare organisatorische Aufteilung in eine Hypothekenbankabteilung und eine allgemeine Bankabteilung Rechnung getragen werden muß. Hierin liegt kein Widerspruch zur gesetzlichen Zulassung gemischter Hypothekenbanken durch § 46 HBG. Denn ungeachtet ihres größeren Geschäftskreises sind diese nicht von den allgemeinen, aus dem Spezialitätsprinzip abgeleiteten Verpflichtungen freigestellt. Das Hypothekenbankgesetz enthält keinen Hinweis darauf, daß bei *gemischten* Hypothekenbanken andere und vor allem geringere Anforderungen an die Sicherheit der Pfandbriefdeckung zu stellen sind als bei *reinen* Hypothekenbanken. Das Spezialitätsprinzip kann folglich nur als insoweit eingeschränkt gelten, als ihm das Vorhandensein hypothekenbankfremder Geschäfte zwingend entgegensteht.

Betriebswirtschaftliche Zweckmäßigkeitsüberlegungen sind

in diesem Zusammenhang grundsätzlich ebensowenig von
Bedeutung, wie sie eine Erweiterung des Geschäftskreises
einer reinen Hypothekenbank begründen könnten. Es ist
vielmehr notwendig, daß eine gemischte Hypothekenbank,
mit dem im Bankwesen üblichen Mittel genereller organi-
satorischer Vorkehrungen, d.h. durch Trennung der verschiedenen Geschäftsbereiche, solchen Einflüssen auf die
Kreditpolitik entgegenwirkt, die den Grundsätzen des Hypothekenbankgeschäfts zuwiderlaufen und damit eine Gefahr
für die Sicherheit der Schuldverschreibungen mit sich
bringen können.

Unter dem dem Spezialitätsprinzip immanenten Aspekt
einer institutionell verringerten Risikobereitschaft muß
die *Verbindung von Hypothekenbanken mit anderen Kreditinstituten* allgemein gewertet werden. Versuche, einen
vorhandenen Einfluß auf eine Hypothekenbank zu sach-
fremden Eingriffen in die Geschäfts- und Kreditpolitik
auszunutzen, müßten nicht nur Initiativen der Aufsichtsbehörde gemäß § 6 Abs. 2 KWG in Form von Anregungen
etwa zur Änderung des Hypothekenbankgesetzes auslösen.
Unter Umständen müßte bei Vorliegen solcher Tatbestände
die Begründung eines gesetzwidrigen, bankenaufsichtliche
Maßnahmen gegen die Hypothekenbank erfordernden Zu-
standes gesehen werden. Das wäre beispielsweise dann anzu-
nehmen wenn — etwa zur Begründung eines Organschafts-
verhältnisses gemäß § 7a des Körperschaftssteuergesetzes —
durch einen Beherrschungsvertrag gemäß § 291 AktG die
Leitung der Hypothekenbank einem anderen Kreditinstitut
unterstellt würde, das selbst keine Hypothekenbank ist.
Die beherrschte Bank bliebe dann zwar als rechtlich
selbständiges Unternehmen erhalten. Da die Begründung
der Leitungsmacht der herrschenden Gesellschaft jedoch
die vollständige Unterordnung unter deren wirtschaftliche
Interessen und geschäftspolitische Vorstellungen voraus-
setzt, wären die kreditwirtschaftlichen Auswirkungen kaum
von denen einer Verschmelzung zu einer gemischten Hypothekenbank zu unterscheiden. Aus einer reinen Hypothekenbank würde dann in tatsächlicher Hinsicht eine Abteilung
der beherrschenden Bank. Unabhängig davon, welche Gründe letztlich zu einer so weitgehenden Eingliederung führen
mögen, läge im Ergebnis eine Umgehung des Verbots der

Neugründung gemischter Hypothekenbanken vor. Dies wäre aus der Sicht der Schuldverschreibungsgläubiger um so bedenklicher, als — anders als der Vorstand einer gemischten Hypothekenbank — der Vorstand einer Muttergesellschaft ungeachtet seiner umfassenden Entscheidungskompetenz den Bestimmungen des Hypothekenbankgesetzes nicht unterläge.

b) Geschäftskreis

Soweit die Spezialisierung der Risikominderung dienen soll, betrifft sie in erster Linie das *Aktivgeschäft*. Unter den vielerlei Beschränkungen der Geschäftstätigkeit der Hypothekenbanken seien nur einige hervorgehoben:

So dürfen beispielsweise außer Krediten, für deren Verzinsung und Rückzahlung nicht juristische Personen des öffentlichen Rechts (Bund, Länder, Gemeinden usw.) einstehen, *nur Kredite* gewährt werden, *die hypothekarisch im Inland gesichert* sind. Die Hypothekenbanken dürfen also weder Akzeptkredite gewähren noch das Diskontgeschäft betreiben. Selbst die Gewährung von Hypothekarkrediten ist insoweit eingeschränkt, als Darlehen oder Darlehensteilbeträge, die nicht nur vorübergehend — etwa während der Baufertigstellung oder bis zur Beseitigung von formellen Eintragungshindernissen — außer Deckung bleiben müssen, 10% aller Hypothekardarlehen nicht übersteigen dürfen. Als unbedenklich hat der Gesetzgeber demgegenüber neben den Hauptgeschäften, der Beleihung inländischer Grundstücke und der Gewährung von Darlehen an inländische Körperschaften und Anstalten des öffentlichen Rechts oder gegen deren Bürgschaft bestimmte Auslandskommunalkreditgeschäften angesehen.

Eine Hypothekenbank darf *Darlehen*, die durch Grundpfandrechte gesichert sind, und Kommunaldarlehen *erwerben*. Dabei ist sie nicht den Beschränkungen unterworfen, die in qualitativer Hinsicht für die von ihr ursprünglich selbst gewährten Kredite gelten. So brauchen die erworbenen Darlehen z.B. nicht den Schuldnerschutzbestimmungen der §§ 17-19 HBG zu genügen.

Zur Deckung von Schuldverschreibungen dürfen aber auch diese Darlehen nur herangezogen werden, wenn sie nach den allgemeinen Vorschriften als deckungsfähig gelten können. Daraus folgt eine zumindest quantitative Begrenzung der möglicherweise höheren Kreditrisiken angesichts der noch zu erörternden Beschränkung anderer Refinanzierungsmittel. Hypotheken- und Kommunaldarlehen dürfen auch beliehen werden; da ein Pfandrecht an einer Forderung aber nicht deckungsfähig ist, wird von dieser Möglichkeit nur selten Gebrauch gemacht.

Verfügbares Geld dürfen die Hypothekenbanken gemäß § 5 Abs. 3 HBG zinsbringend anlegen. Hierbei kann es sich namentlich dann um erhebliche Beträge handeln, wenn sich in Jahren starker Bautätigkeit bereits refinanzierte Darlehenszusagen in größerem Umfang noch nicht zur Auszahlungsreife entwickelt haben. Die Möglichkeiten der Hypothekenbanken, am Geldmarkt tätig zu werden, sind im übrigen im Vergleich zu anderen Kreditinstituten begrenzt. Da die Hypothekenbanken nur in geringem Umfang über Einlagen verfügen und Rentabilitäts- und Deckungsgründe eine alsbaldige, möglichst vollständige Anlage der Pfandbrieferlöse im Darlehensgeschäft notwendig machen, bleiben für Zwischenanlagen im wesentlichen nur die Mittel, die zur Ersatzdeckung dienen (vgl. III B 3) und gegebenenfalls die darüber hinausgehende allgemeine Liquiditätsreserve.

Andere Möglichkeiten der Geldanlage bestehen gemäß § 5 Abs. 3 Nr. 2 HBG im *Ankauf eigener Schuldverschreibungen* bzw. im *Erwerb oder in der Beleihung bestimmter Wertpapiere*, von denen einige gemäß § 6 Abs. 4 HBG auch zur Ersatzdeckung geeignet sind.

Der *Erwerb von Beteiligungen* war den Hypothekenbanken bis zur Novelle 1974 nur insoweit gestattet, als es sich um Hilfsgeschäfte handelte, die dem Zweck des Hauptgeschäfts zu dienen geeignet und nicht mit dem Risiko von Verlusten behaftet waren. So wurden beispielsweise geringfügige Beteiligungen an Wohnungsunternehmen, aber auch der Erwerb sämtlicher Geschäftsanteile von Gesellschaften zur Abwicklung notleidender Engagements der Hypothekenbanken übernommen. Nunmehr sind gemäß § 5 Abs. 1 Nr. 8 HBG *Beteiligungen an inländischen*

Unternehmen grundsätzlich bis zu einem Drittel des Nennkapitals und *an ausländischen Realkreditinstituten* und
Wohnungsbauträgergesellschaften bis zu einem Viertel ihres
Nennkapitals zulässig. Der Erwerb von Auslandsbeteiligun-
gen ist nicht nur gesetzliches, sondern für die Hypothekenbanken auch geschäftspolitisches Neuland. Diese sollen
nach dem Willen des Gesetzgebers durch die ihnen eröff-
neten neuen Beteiligungsmöglichkeiten in die Lage versetzt
werden, geschäftliche Verbindungen im Ausland anzu-
knüpfen und erste Erfahrungen vor allem im grenzüberschreitenden Hypothekargeschäft zu sammeln. Die Beteiligungen einer Hypothekenbank dürfen insgesamt 15% ihres
Eigenkapitals nicht übersteigen.

Infolge der ausdrücklichen Regelung der Beteiligungen im
Katalog der Nebengeschäfte, der eine abschließende Auf-
zählung enthält, ist jedoch gegenüber dem früheren Rechts-
zustand die Möglichkeit entfallen, die Zulässigkeit der
Beteiligungsübernahme im Einzelfall unter dem Gesichtspunkt der Notwendigkeit als Hilfsgeschäft zu beurteilen.
§ 5 Abs. 1 Nr. 8 HBG räumt der Aufsichtsbehörde deshalb
für den Fall, daß die Art der Beteiligung und der mit ihr
verfolgte Zweck dies gerechtfertigt erscheinen lassen, die
Befugnis ein, eine höhere Beteiligungsquote zuzulassen. Das
kann aber nur gelten, wenn ein Hilfsgeschäft im engsten
Sinne vorliegt, beispielsweise, weil die Beteiligung an einer
Gesellschaft erfolgen soll, deren Zweck darin besteht,
Grundstücke zu erwerben, die auch die Hypothekenbank
selbst zur Verhütung von Verlusten an Hypotheken oder
zur Beschaffung von Geschäftsräumen und von Wohnräu-
men für ihre Betriebsangehörigen erwerben dürfte.

Der Umfang der neben der Ausgabe von Pfandbriefen und
Kommunalschuldverschreibungen zulässigen *passivischen
Nebengeschäfte* ist gleichfalls gering. Die Beschränkung der
Refinanzierungsmöglichkeiten findet ihre ordnungspolitische
Rechtfertigung in der Notwendigkeit, riskante Aktivgeschäfte zu verhindern. Die Hypothekenbanken dürfen sich
zwar, wie im einzelnen unter VI. A, C-E ausgeführt ist,
Fremdmittel, für die keine Deckung erforderlich ist, auch
in Form von Einlagen, über die Aufnahme sog. Globaldarlehen sowie über den Verkauf ungedeckter Schuldverschreibungen beschaffen, jedoch höchstens bis zum Drei-

fachen ihres haftenden Eigenkapitals, während ihre gesamten Fremdmittel auf das 50fache ihres haftenden Eigenkapitals begrenzt sind.

Wie sich geschäftliche Beschränkungen aus dem Zusammenwirken der vorgenannten Regelungen ergeben können, zeigt sich beispielhaft am weitgehenden *Ausschluß* der Hypothekenbanken von *der Bauzwischenfinanzierung.* Diese Darlehenssparte ist dadurch gekennzeichnet, daß das kreditgewährende Institut — anders als bei den eigentlichen (langfristigen) Realkrediten — das Risiko der Fertigstellung des Gebäudes und das Unternehmerrisiko des Bauherrn mitträgt. Die Sicherheit derartiger Kredite beruht weitgehend auf der persönlichen Bonität des Kreditnehmers und wird nur bedingt durch das beliehene Grundstück gestellt. Die Gewährung von Personalkrediten durch eine Hypothekenbank aber wäre, zumal wenn sie in größerem Umfang erfolgte, bedenklich. Dem trägt das Hypothekenbankgesetz ohne ein ausdrückliches Verbot dadurch Rechnung, daß es den Hypothekenbanken gemäß § 12 Abs. 3 HBG nur gestattet, im *Deckungsgeschäft* auf Pfandbriefbasis einen Betrag bis zur Höhe von höchstens dem Doppelten ihres haftenden Eigenkapitals bzw. bis zu höchstens 10 v.H. ihrer Deckungshypotheken in solchen Darlehen anzulegen, die an Bauplätzen oder an unfertigen und noch nicht ertragsfähigen Neubauten besichert sind. Außerdem darf die Auszahlung nur nach Maßgabe des Baufortschritts erfolgen, so daß wegen des jeweils vorhandenen Beleihungswertes Ausfälle der Bank im allgemeinen nicht zu befürchten sein werden. Für zusätzliche Kredite dieser Art, vor allem für die Darlehen, bei denen ein im Grundstückswert noch nicht gedecktes echtes Zwischenfinanzierungsrisiko übernommen wird, stehen neben den Eigenmitteln (Grundkapital, Rücklagen usw.) als freie Mittel nur die vergleichsweise geringen Einlagen, die ungesicherten Globaldarlehen und die Verkaufserlöse aus nicht deckungspflichtigen Schuldverschreibungen zur Verfügung. Da diese auch für alle anderen Zwecke benötigt werden, für welche Erlöse aus dem Verkauf von Pfandbriefen und Kommunalschuldverschreibungen nicht verwendet werden dürfen, ist ein für die Sicherheit einer Hypothekenbank gefährlicher

Umfang von Bauzwischenfinanzierungsrisiken kaum zu befürchten.

Schließlich sind noch die zulässigen Nebengeschäfte zu erwähnen, die im Rahmen des Geschäftsbetriebes einer Hypothekenbank lediglich eine unterstützende Funktion haben. So erleichtern das *Wertpapier-Depotgeschäft* (§ 5 Abs. 1 Nr. 5) und das mit Ausnahme von Zeitgeschäften zulässige *Wertpapierkommissionsgeschäft* (§ 5 Abs. 1 Nr. 3) die Plazierung von Schuldverschreibungen; dagegen dienen die *Einziehung von Wechseln, Schecks oder ähnlichen Papieren* (§ 5 Abs. 1 Nr. 6) sowie die Verpfändung oder *Veräußerung von Darlehensforderungen* vor allem zur Durchführung des Darlehensgeschäfts (§ 5 Abs. 1 Nr. 2) bzw. zur Beschaffung liquider Mittel.

2. Das Kongruenzprinzip

Das Geschäft der Hypothekenbanken ist ferner dadurch gekennzeichnet, daß die Laufzeiten der Forderungen und der Verbindlichkeiten sehr ähnlich sein müssen, um bestimmten rechtlichen und wirtschaftlichen Gesetzmäßigkeiten zu genügen. Im einzelnen handelt es sich dabei um die Notwendigkeit, neben der später unter 3a noch zu erläuternden Deckungskongruenz,

Gefahren für die Liquidität und Rentabilität einer Hypothekenbank durch ausreichend lange Laufzeiten der Refinanzierungsmittel zu vermeiden (Refinanzierungskongruenz),
zugleich aber zur Verringerung des Kursrisikos der Schuldverschreibungsgläubiger die Laufzeiten der Schuldverschreibungen auf die mit der Bindungsdauer im Aktivgeschäft noch zu vereinbarenden Mindestfristen zu beschränken (Umlaufkongruenz).

Eine unmittelbare gesetzliche Regelung haben nur die Deckungskongruenz durch § 6 Abs. 1 HBG sowie die Umlaufkongruenz durch § 9 Abs. 1 HBG erfahren.

a) Refinanzierungskongruenz

Die Notwendigkeit der kongruenten Refinanzierung, von deren Beachtung die allgemeine Funktionsfähigkeit einer Hypothekenbank weitgehend abhängt, folgt dagegen vor allem aus dem in § 11 KWG zum Ausdruck kommenden Grundsatz, daß ein Kreditinstitut über eine jederzeit ausreichende Zahlungsbereitschaft verfügen muß. Die *Erhaltung der Liquidität* setzt bei den Hypothekenbanken angesichts ihrer Geschäftsstruktur die weitgehende Übereinstimmung der Laufzeiten im Aktiv- und Passivgeschäft voraus. Gemäß § 19 Abs. 1 HBG dürfen sie sich von ihren Darlehensschuldnern *kein ordentliches Kündigungsrecht* einräumen lassen. Zwar betrifft diese Regelung nur die sog. *Amortisationshypotheken*, bei denen der Schuldner Tilgung und Verzinsung in einem gleichbleibenden Jahresbetrag zu entrichten hat, doch stellt diese Darlehensart im Geschäft der Hypothekenbanken den Normalfall dar. Daraus folgt, daß es einer Hypothekenbank in aller Regel nicht möglich ist, im Aktivgeschäft einen Ausgleich für negative Veränderungen der Refinanzierungsbedingungen zu schaffen. Sie wäre weder imstande, steigende Zinssätze auf die Darlehensnehmer abzuwälzen, noch durch Rückforderungen von Krediten die zur Erfüllung verfrüht fällig werdender Verbindlichkeiten benötigten Mittel flüssig zu machen. Zwar beschränkt § 8 Abs. 2 Satz 2 HBG das Liquiditätsrisiko dadurch, daß es den Hypothekenbanken als Gegenstück zu dem Verbot der Darlehenskündigung nicht gestattet, den Pfandbriefgläubigern ein Kündigungsrecht einzuräumen. Damit werden ein Schutz vor unerwarteten Rückzahlungsverpflichtungen und die Grundlage einer zuverlässigen Planung der Finanzierungsstruktur geschaffen. Die Erhaltung einer jederzeitigen Liquidität ist ungeachtet dessen aber nur dann möglich, wenn den Laufzeiten des Aktivgeschäfts insgesamt gleiche Laufzeiten der Refinanzierungsmittel gegenüberstehen.

Eine Fristentransformation in der Form, wie sie für die Refinanzierungsstruktur der auf der Grundlage des Einlagengeschäfts arbeitenden Realkreditinstitute, also insbesondere der Sparkassen, typisch und üblich ist, scheidet für die Hypothekenbanken aus. Jene Kreditinstitute leihen einen Teil der *meist nur kurzfristig* gebundenen *Einlagen langfristig aus*, weil sie annehmen dürfen, daß ein als *Bodensatz* bezeichneter Teil des Einlagenbestandes (bei Spareinlagen bis zu 60%) dauernd bei ihnen verbleibt. Sie sind auch berechtigt, ihre Darlehen — zumindest zum Zwecke der Zinsänderung — kurzfristig zu kündigen und damit ihre Darlehenszinsen höheren Aufwandszinsen anzupassen; dagegen ist es den Hypothekenbanken lediglich möglich, nach Ablauf der vereinbarten Vertragsdauer eine Prolongation zu neuen Bedingungen vorzunehmen. Ein vergleichbarer längerfristiger Bodensatz steht bei Pfandbriefrefinanzierungen nicht zur Verfügung. Mit dem Ende der jeweiligen Laufzeit wird die Pfandbriefvaluta zur Rückzahlung fällig; zugleich endet ihre Verzinsung. Ein für die institutsinterne Fristentransformation notwendiges, gewissermaßen automatisches „Stehenbleiben" von verfügbarem Geld oder Kapital kann es daher bei einer Pfandbriefrefinanzierung nicht geben.

Dem Grundsatz der Refinanzierungskongruenz ist im allgemeinen auch dann genügt, wenn die Schuldverschreibungen wesentlich längere Laufzeiten als die Darlehen haben. Etwas anderes müßte allerdings gelten, wenn sich aus dieser Überkongruenz ein *Wiederanlagerisiko* ergäbe. Dem steht zwar in der Regel die Bestimmung des § 8 Abs. 2 Satz 2 HBG entgegen, wonach eine Hypothekenbank ihrerseits auf das Recht zur Rückzahlung der Hypothekenpfandbriefe höchstens für einen Zeitraum von zehn Jahren verzichten darf. Sobald Anfangslaufzeiten der Darlehen von weniger als zehn Jahren vereinbart werden, wie dies neuerdings zu beobachten ist, verliert die allgemeine Schutzwirkung dieser Bestimmung an Bedeutung und muß durch individuelle Verkürzungen der Bindungsfristen im Passivgeschäft ergänzt werden.

b) Umlaufskongruenz

Der Ausschluß des Kündigungsrechts der Gläubiger von Pfandbriefen und Kommunalschuldverschreibungen wird in der Öffentlichkeit verständlicherweise kritisiert, wenn Zinssteigerungen am Rentenmarkt zu Kursverlusten führen.

Den Hypothekenbanken wird dann — wie allen anderen Pfandbriefinstituten, teilweise in Unkenntnis der Zusammenhänge — vorgeworfen, sich den Wünschen nach Zinserhöhungen oder nach vorzeitigen Einlösungen niedrig verzinslicher Schuldverschreibungen zu verschließen, während andere Kreditinstitute die Einlagenzinsen bei Marktveränderungen anheben; eine derartige Kritik berücksichtigt allerdings meist nicht, daß steigende Einlagenzinsen bei diesen Institutsgruppen oft Erhöhungen der Hypothekenzinsen und dadurch bedingte Mehrbelastungen der Grundstückseigentümer und schließlich der Mieter zur Folge haben. Auch die Entstehungsgeschichte der Novelle 1974 zum Hypothekenbankgesetz wurde wesentlich durch die starken und nicht nur vorübergehenden Kursrückgänge während der letzten Jahre beeinflußt (vgl. VI B 2). Zeitweilig wurde das überkommene Prinzip der Pfandbriefhypothek dabei überhaupt in Frage gestellt und stattdessen die Einführung von Kündigungsrechten der Pfandbriefgläubiger gegenüber den Hypothekenbanken bzw. der Hypothekenbanken gegenüber den Darlehensschuldnern vorgeschlagen. Daß sich der Gesetzgeber schließlich doch wieder zum unkündbaren Darlehen auf der Grundlage der fristenkongruenten Refinanzierung bekannt hat, lag letztlich daran, daß die Festzinshypothek als wohl bedeutsamstes Instrument der erststelligen Baufinanzierung anders nicht erhalten werden kann. Mit der Einführung eines Kündigungsrechts für Pfandbriefgläubiger hätte sich eine Fristenstruktur der Finanzierungsmittel ergeben, die mangels Fristentransformation wohl nur durch kurze und mittlere Restlaufzeiten gekennzeichnet und für die Refinanzierung langfristiger Hypothekarkredite ungeeignet wäre.

Die Laufzeiten der Darlehen dürfen hierbei übrigens nicht nur rechtlich gesehen werden; so kann die große Zahl der in den letzten Jahren für zwischen fünf und zehn Jahren mit festem Zins gewährten, aber auch nur durch fünf- bis zehnjährige Pfandbriefe refinanzierten Darlehen angesichts der zu erwartenden tatsächlichen Darlehenslaufzeiten von mindestens 20 bis 30 Jahren künftig erhebliche Liquiditätsprobleme mit sich bringen. Schließlich sollte in diesem Zusammenhang auch nicht übersehen werden, daß die ohnehin aufwendige Mittelbeschaffung durch Pfandbrief-

verkäufe infolge der mit der Verkürzung der Umschlags-
zeiten der Fremdmittel wachsenden Kosten der Liquidität
zusätzlich verteuert würde; damit aber wäre die Wirtschaft-
lichkeit des Pfandbriefkredits und die Wettbewerbsfähigkeit
der Hypothekenbanken in Frage gestellt.
Die Bestimmungen der durch die HBG-Novelle 1974 ein-
geführten §§ 9 Abs. 1, 41 HBG sollen einer im Darlehensgeschäft nicht begründeten überlangen Laufzeit der
Pfandbriefe und Kommunalschuldverschreibungen entge-
genwirken. Es soll sich nach Sinn und Zielsetzung des
Gesetzes nicht wiederholen, daß Pfandbriefinstitute und
Pfandbriefkäufer auf einen gleichbleibenden Zinssatz vertrauen und Laufzeiten bis zu einem halben Jahrhundert
für unbedenklich halten, dann aber von einer anhaltenden
Hochzinsperiode am Rentenmarkt und von den durch sie
bedingten Kursverlusten bei umlaufenden niedrig verzinslichen Schuldverschreibungen überrascht werden. Die genannten Bestimmungen beseitigen daher die sog. *Umlaufs-
überkongruenz;* sie treffen zugleich Vorsorge dafür, daß die
Laufzeit der Schuldverschreibungen den Zeitraum nicht
wesentlich überschreitet, der mit Rücksicht auf die jeweilige
Darlehenslaufzeit erforderlich ist (Einzelheiten unter VI.
B 1).

3. Das Deckungsprinzip

Das dritte, das Hypothekenbankgeschäft beherrschende
Merkmal ist schließlich die Sicherung der Ansprüche aus
Pfandbriefen und Kommunalschuldverschreibungen durch
zwei *getrennte Deckungsmassen.* Aus Kreisen der Hypothekenbanken wurde vor allem zum Zwecke der betriebs-
wirtschaftlichen Rationalisierung und im Hinblick auf die
Gleichgewichtigkeit von Pfandbriefen und Kommunalschuldverschreibungen die Vereinheitlichung der beiden für Pfandbriefe und Kommunalschuldverschreibungen geltenden getrennten Deckungsmassen angeregt. Derartige Überlegungen
wurden zunächst positiv aufgenommen.[49] Der Gesetzgeber
hat sich jedoch zu einer Zusammenlegung der Deckungsmassen nicht entschließen können.
Pfandbriefe und Kommunalschuldverschreibungen dürfen
jeweils nur in der Höhe ausgegeben werden, in der die

Bank Hypothekendarlehen bzw. Kommunaldarlehen als sog. Deckung bereithält. Damit erlangen die *Schuldverschreibungsgläubiger* Gewißheit darüber, daß sie im Konkurs der Hypothekenbank auf *Befriedigung aus der Deckungsmasse* rechnen können. Die gesetzlichen Anforderungen, die gemäß §§ 10 bis 12 HBG an die Deckungsfähigkeit von Darlehen oder gemäß § 6 Abs. 4 HBG an die Ersatzdeckung gestellt werden, die Einschaltung des Treuhänders (§§ 30 bis 32 HBG) und das Recht der Schuldverschreibungsgläubiger, wie Absonderungsberechtigte vorrangig aus den jeweiligen Deckungsmassen befriedigt zu werden (§ 35 HBG), lassen Ausfälle im Konkurs einer Hypothekenbank kaum befürchten.

Das Deckungsprinzip gilt nicht für die freien Mittel der Hypothekenbanken, insbesondere nicht für ihr Eigenkapital und die ungebundenen Refinanzierungsmittel, z.B. für die Einlagen, Valuten aus ungesicherten Globaldarlehen und die Erlöse aus dem Verkauf nicht deckungspflichtiger Schuldverschreibungen (vgl. VI C-E).

a) Umfang der Deckung

Die den gesetzlichen Voraussetzungen der §§ 6, 10, 11 und 12 HBG über die Pfandbriefdeckung entsprechenden Vermögenswerte und die Darlehensforderungen gegen Körperschaften und Anstalten des öffentlichen Rechts nach Maßgabe des § 41 HBG müssen die Kapital- und Zinsansprüche aus den umlaufenden Pfandbriefen bzw. den Kommunalschuldverschreibungen betragsmäßig vollständig decken. Die Deckungspflicht entfällt gemäß § 6 Abs. 1 Satz 3 HBG nur bei solchen Papieren, die dem *Treuhänder* der Hypothekenbank zur *Verwahrung oder* zur *Vernichtung* übergeben wurden.

Die Laufzeiten der Deckungswerte dürfen nicht unter denen der deckungspflichtigen Verbindlichkeiten liegen. Soweit diese *Deckungskongruenz* nicht von vornherein durch eine Begrenzung der Schuldverschreibungslaufzeiten sichergestellt wird, muß durch entsprechende Kündigungsvereinbarungen in den Emissionsbedingungen oder mit den Gläubigern von Namensschuldverschreibungen sichergestellt werden, daß eine etwaige Unterdeckung unverzüglich beseitigt werden kann.

Wenn die ordentlichen Deckungswerte, also für Pfandbriefe die durch Hypotheken oder Grundschulden gesicherten Darlehen, für Kommunalschuldverschreibungen die Kommunaldarlehen, ferner für beide Schuldverschreibungsarten die in § 6 Abs. 1 Satz 2 HBG genannten Forderungen insbesondere aus der Währungsumstellung nicht ausreichen, dürfen gemäß §§ 6 Abs. 4, 41 Abs. 1 HBG bis zu jeweils 10 v.H. des Pfandbriefumlaufs bzw. des Betrages der ausgegebenen Kommunalschuldverschreibungen durch *Ersatzdeckung* belegt werden. Wegen der getrennten Deckungsmassen ist eine *Übertragung* einer bei einer Schuldverschreibungsart ungenutzten Ersatzdeckungsmöglichkeit auf die andere, also etwa von den Kommunalschuldverschreibungen, bei denen ein Ersatzdeckungsbedarf im allgemeinen nicht besteht, auf Pfandbriefe *nicht möglich*. Als Ersatzdeckung dürfen nur bestimmte, im Gesetz besonders aufgeführte Werte herangezogen werden, darunter namentlich Bargeld, Guthaben bei der Deutschen Bundesbank und bei Kreditinstituten, die den von der Aufsichtsbehörde festgelegten Eignungsmaßstäben[50] genügen, sowie Schuldverschreibungen, die der Bund, ein Sondervermögen des Bundes oder ein Land ausgegeben oder unmittelbar verbürgt haben.

Die meist aus Vorverkäufen noch nicht im Umlauf befindlicher Schuldverschreibungen entstehenden sog. *Lieferverpflichtungen* sind *nicht deckungspflichtig*. Sie sind jedoch, soweit sie eine evtl. vorhandene Überdeckung übersteigen, den in § 5 Abs. 1 Nr. 4 HBG aufgeführten ungedeckten Refinanzierungsmitteln zuzurechnen, und zwar entsprechend ihrer wirtschaftlichen Natur den aufgenommenen Darlehen.

b) Die Deckungsfähigkeit

Die Eignung eines durch Hypothek oder Grundschuld gesicherten Darlehens zur Deckung von Pfandbriefen — die Regelung bei Kommunaldarlehen wird später behandelt — hängt davon ab, ob der Nennwert der Forderung sowie die Tilgungs- und Zinsleistungsverpflichtung auf Deutsche Mark lauten, das Grundpfandrecht an einem im Geltungsbereich des Hypothekenbankgesetzes gelegenen Grundstück oder grundstücksgleichen Recht (Erbbaurecht, Wohnungs- und Teileigentum) bestellt worden ist und die Sicherung des Darlehens durch das Grundpfandrecht wirtschaftlich wie rechtlich gewährleistet erscheint.

Ausreichender Beleihungswert

Gemäß § 11 Abs. 2 HBG darf ein deckungsfähiges Hypothekendarlehen einer Hypothekenbank die *Beleihungsgrenze* von *drei* Fünftel des sorgfältig ermittelten *Beleihungswertes* nicht übersteigen. Dessen Höhe ist gemäß § 12 Abs. 1 HBG zu ermitteln.

Nach dieser Bestimmung, die eine Grundregel für den Realkredit überhaupt wiedergibt, darf der Beleihungswert den Verkaufswert nicht übersteigen, den das Grundstück nach seinen dauernden Eigenschaften und dem nachhaltig erzielbaren Ertrag hat. Dieser ist unabhängig von den besonderen finanziellen Verhältnissen des derzeitigen Besitzers zu ermitteln. Weder Liebhaberwerte noch Umstände, die zwar den gegenwärtigen Verkehrswert erhöhen, aber nicht als dauerhaft gesichert erscheinen, dürfen berücksichtigt werden. Das gilt erst recht für spekulative Momente jeder Art. Das *Wertermittlungsverfahren*[51]) ist dadurch gekennzeichnet, daß im Interesse der Kreditsicherheit bestimmte typisierte Wertmaßstäbe in einem Verfahren wechselseitiger Wertkontrollen Anwendung finden. Von dominierender Bedeutung ist im allgemeinen der *Ertragswert*. Er stellt den Kapitalwert der voraussichtlich dauernd erzielbaren Reinerträge dar. Ihm steht der *Sachwert* gegenüber. Dieser setzt sich — außer bei Erbbaurechten — aus dem Bodenwert, d.h. dem für ein Grundstück der gegebenen Art tatsächlich erzielbaren Kaufpreis, und dem Bauwert, d.h. den um einen Abschlag verringerten Herstellungskosten bzw. bei Altbauten dem Restwert der angemessenen Herstellungskosten zusammen. Der Beleihungswert ergibt sich aus der Abwägung von Ertragswert und Sachwert. Dabei hängt es von der Art des zu beleihenden Grundstücks ab, welchem dieser Werte das Übergewicht zukommt, ob also der dauerhafte Grundstückswert dem Ertragswert entspricht oder zwischen ihm und dem Sachwert oder gar in Ausnahmefällen, etwa bei normalen Einfamilienhäusern, beim Sachwert liegt. Wesentliches Merkmal dieses Wertermittlungsverfahrens ist es, daß — u.U. mit Ausnahme von eigengenutzten Eigenheimen — grundsätzlich zwei unabhängig voneinander ermittelte Einzelwerte Verwendung finden. Hiermit wäre es beispielsweise nicht vereinbar, wenn nach den gelegentlich bei der Ermittlung von Verkehrswerten angewandten Methoden der Bodenwert aus dem Ertragswert des Grundstücks abgeleitet würde. Ebenso bedenklich wäre es aber auch, wenn zwar ordnungsgemäß ermittelte Einzelwerte vorlägen, aber nicht jedem von ihnen die notwendige Beachtung geschenkt würde. Der Beleihungswert entspricht also nicht etwa einem hohen Ertragswert, wenn das Gebäude nur einen geringen Sachwert hat. Aus den gleichen Überlegungen wird sich im allgemeinen auch ergeben, daß die Beleihung etwa eines Industriegrundstücks im Realkreditgeschäft nicht möglich ist, weil eine von der Nutzung durch das derzeitige Unternehmen unabhängige Ertragsfähigkeit nicht angenommen werden kann.

Hinsichtlich der Einzelheiten des Wertermittlungsverfahrens sei hier nur erwähnt, daß der *Bauwert* nach einer der beiden folgenden Methoden bestimmt wird. Beim *Indexverfahren* werden die beleihbaren Baukosten auf Grund der Baukosten im Basisjahr 1914, die mit dem jeweils gültigen Beleihungsindex vervielfältigt werden, ermittelt. Die Höhe des Beleihungsindex wird in größeren Zeitabständen von der Bankenaufsicht — zuletzt 1972 mit 600% — in vorsichtiger Anlehnung an die Entwicklung des vom Statistischen Bundesamt ermittelten Baukostenindex festgelegt. In den letzten Jahren hat daneben das *Abschlagsverfahren* an Bedeutung gewonnen. Hierbei werden die angemessenen tatsächlichen Herstellungskosten, von denen besondere, den Marktwert nicht erhöhende Aufwendungen abzusetzen sind, zugrundegelegt. Zum Schutz gegen nicht dauerhafte Baupreissteigerungen um einen Abschlag von mindestens 10% gekürzt, ergeben sie den Bauwert.

Der *Ertragswert* errechnet sich aus den auf die Dauer erzielbaren Reinerträgen des Grundstücks, die sich durch Kürzung der nach den örtlichen Verhältnissen erzielbaren jährlichen Mieten um meist pauschal mindestens 25% für Bewirtschaftungskosten (Abschreibungsaufwand, Verwaltungskosten, Betriebskosten, Instandhaltungskosten, Mietausfallwagnis u.a.) ergeben. Die Kapitalisierung erfolgt dann zu Zinssätzen zwischen meist 5 bis 7%; dabei pflegt der Ansatz um so höher zu sein, je größer die Gefahr eines späteren Absinkens der Grundstücksrendite ist. Der kapitalisierte Wert der Reinerträge wird also meist mit dem 20- bis rd. 13fachen angenommen.

Die Grundregeln der Wertermittlung wären, wenn es um die Feststellung des „wirklichen" Wertes ginge, betriebswirtschaftlich sicher angreifbar. Der tatsächliche Zeitwert eines Grundstücks mag in vielen Fällen, wenn nicht in der Regel, höher sein, als der von einer Hypothekenbank anzunehmende Beleihungswert. Viele Grundstücksschätzer bemühen sich deshalb, ihre bei der Ermittlung von Verkehrswerten gewonnenen Erfahrungen auch auf die Schätzung des Beleihungswertes zu übertragen. Damit verkennen sie den Inhalt ihres Auftrages, der eben nicht auf den wirklichen Zeitwert des Grundstücks, sondern auf den Umfang der Sicherheit gerichtet ist, den das Grundstück für einen über mehrere Jahrzehnte laufenden Kredit erfahrungsgemäß bietet. Es gehört zu den Regeln der im Hypothekenbankgeschäft gebotenen Vorsicht, dabei nur von den Werten auszugehen, die bereits zur Zeit der Beleihung nachgewiesen werden können. Erhoffte Wertsteigerungen sind selbst dann außer Ansatz zu lassen, wenn sie etwa im Zuge einer langjährigen inflationären Entwicklung von jedermann als selbstverständlich betrachtet werden.

Um den vorstehend angedeuteten Regeln der Wertermittlung im Realkredit Geltung zu verschaffen, verpflichtet § 13 HBG jede Hypothekenbank, eine interne *Anweisung für die Wertermittlung* zu erlassen, die der Genehmigung durch die Aufsichtsbehörde bedarf. In dieser Anweisung ist u.a. zu bestimmen, wer Schätzungen vornehmen darf und unter welchen Voraussetzungen ausnahmsweise auf die Einholung eines Sachverständigengutachtens verzichtet werden kann.

Grundsätzlich ist sicherzustellen, daß Schätzung und Kreditbearbeitung getrennt voneinander erfolgen, um auf diese

Weise u.a. eine größere Gewähr für eine kritische Beurteilung des Schätzungsergebnisses zu erlangen.

Da die Darlehen der Hypothekenbanken im allgemeinen zur Baufinanzierung, d.h. zum Erwerb eines Grundstücks und zur Deckung der Baukosten bestimmt sind, kommt es für die Kreditsicherheit neben der vorsichtigen Ermittlung des Beleihungswertes auch darauf an, einen zu frühen *Auszahlungszeitpunkt* zu vermeiden. Denn der angenommene Beleihungswert setzt in diesen Fällen voraus, daß die baulichen Investitionen vorab erfolgen und daß die Verwertbarkeit — im allgemeinen also die Ertragsfähigkeit — des bebauten Grundstücks eingetreten ist. Grundsätzlich soll eine Hypothekenbank zumindest im Rahmen ihrer Deckungsdarlehen *kein Fertigstellungs- oder Verwertungsrisiko* übernehmen. Es wäre allerdings mit den wirtschaftlichen Erfordernissen unvereinbar, Darlehensauszahlungen erst nach der endgültigen Fertigstellung der Baulichkeiten vorzunehmen bzw. die Beleihung von unbebauten Grundstücken ganz auszuschließen. Die Auszahlung der Darlehen erfolgt deshalb nur in Teilbeträgen nach Maßgabe des Baufortschritts; sie geschieht also in mehreren Stufen, und zwar immer erst dann, wenn die Bausubstanz so weit vermehrt worden ist, daß eine Verwertung auch des unfertigen Gebäudes ohne Verlust für die Hypothekenbank möglich erscheint.

Als zusätzliche allgemeine Sicherheitsmaßnahme wirkt sich die bereits erwähnte Regelung des § 12 Abs. 3 HBG aus, wonach die Hypotheken an Bauplätzen sowie an noch nicht fertiggestellten und ertragsfähigen Neubauten weder den zehnten Teil aller Deckungshypotheken noch das Doppelte des haftenden Eigenkapitals überschreiten dürfen; Bauplatzhypotheken dürfen höchstens 10 v.H. des Gesamtbetrages der Neubau- und Bauplatzhypotheken betragen.

Ausreichende rechtliche Sicherung

Voraussetzung der Deckungsfähigkeit ist ferner, daß die Hypothekenbank ein Grundpfandrecht erwirbt, das es ihr auch in rechtlicher Hinsicht ermöglicht, sich aus dem Grundstück zu befriedigen. Hierzu bedarf es zunächst der *Bestellung oder des Erwerbs einer Hypothek oder einer*

Grundschuld (vgl. V A 5). Die Eintragung einer Rentenschuld im Sinne der §§ 1199 ff. BGB genügt nicht, ebensowenig ein Pfandrecht gemäß §§ 1273 ff. BGB an einer fremden Hypothek, da das Sicherungsrecht unmittelbar der Hypothekenbank zustehen und das Grundstück selbst in dinglicher Form erfassen muß.

Die strengen rechtlichen Anforderungen an die Pfandbriefdeckung führen zwangsläufig u.a. dazu, daß eine Hypothekenbank sich jedenfalls im Deckungsgeschäft nicht mit der Sicherung durch einen *still* abgetretenen Teil einer brieflosen Hypothek oder Grundschuld begnügen darf. Allerdings ist die verdeckte Zession von Sicherheiten ein für die meisten Konsortial-Kreditgeschäfte typisches und aus praktischen Gründen notwendiges Merkmal; dienen Grundpfandrechte als Sicherheit, läßt sich die als Darlehensgeberin auftretende Bank bei derartigen Geschäften im allgemeinen eine auf ihren Namen lautende brieflose Hypothek oder Grundschuld bestellen, die sie als Treuhänderin für die übrigen Gläubiger verwaltet. Dieses Treuhandverhältnis aber gibt letzteren lediglich einen schuldrechtlichen Anspruch auf Verschaffung einer (Teil-)Hypothek oder Grundschuld, nicht aber das für die Deckung notwendige Grundpfandrecht selbst. Eine Hypothekenbank müßte deshalb in diesen Fällen auf der Teilabtretung des Grundpfandrechts mit Hilfe eines für die stille Zession unumgänglichen, aber die Kreditkosten erheblich erhöhenden Grundschuld- oder Hypothekenbriefes gemäß § 1154 Abs. 1 BGB bestehen.

Hypothek oder Grundschuld müssen, soweit sie als Deckung dienen sollen, grundsätzlich gemäß § 11 HBG eine *Rangstelle* im Grundbuch einnehmen, die eine Absicherung im Rahmen der ersten *drei Fünftel* des Wertes des Grundstücks ermöglicht. Eine Bestimmung, daß die Beleihung in der Regel zur ersten Stelle zu erfolgen hat, enthält das Gesetz nicht mehr. Die Gewißheit, Befriedigung auch bei ungünstigen Verhältnissen am Grundstücksmarkt erlangen zu können sowie ferner die Notwendigkeit, nicht liquiditäts- und rentabilitätsmäßig von Vollstreckungsmaßnahmen vorrangiger Gläubiger abhängig zu sein, werden die Hypothekenbanken unbeschadet der Eintragung von Löschungsvormerkungen bei vorgehenden Belastungen auch künftig veranlassen, im allgemeinen auf der ersten Rangstelle zu beharren. Sie erreichen dadurch einerseits, daß sie jederzeit Fortgang oder Einstellung von Zwangsversteigerungsverfahren beeinflussen können; andererseits vermeiden sie es, daß ein vom Ersteher zu übernehmendes Recht erhalten bleibt und die wirtschaftliche Verwertbarkeit des Pfandobjekts erschwert. Soweit es sich um Vorlasten in der Abteilung II des Grundbuches (Grunddienstbarkeiten usw.) handelt, wird im übrigen eine Änderung kaum eintreten, da die Frage, ob der Vorrang des fremden Rechts hingenommen werden kann, schon bisher allein nach wirtschaftlichen Gesichtspunkten beurteilt wurde. Soweit es sich um vorrangige Kapitalforderungen handelt, werden die Banken prüfen, ob Ablösungsverpflichtungen im Falle der Zwangsversteigerung insgesamt oder im Einzelfall auch unter Liquiditätsgesichtspunkten als tragbar erscheinen. Sollte dies fraglich sein, könnten sich Bedenken gegen die Deckungsfähigkeit einzelner Beleihungen oder allgemeine Zweifel an der Realisierbarkeit der Pfandbriefdeckung insgesamt ergeben; das würde entsprechende Gegenmaßnahmen, etwa in der Form einer Überdeckung erforderlich machen.

Nur am Rande soll in diesem Zusammenhang die Frage angesprochen werden, ob sog. *Tilgungsstreckungsdarlehen*[52]) zur Pfandbriefdeckung herangezogen werden können. Es handelt sich dabei um die Zusatzdarlehen, die die Pfandbriefinstitute zum Ausgleich eines kapitalmarktbedingten Auszahlungsabschlages (Damnum) gewähren (V A 3); sie bewirken, da die Tilgungsleistungen im allgemeinen zunächst zur Rückführung der Zusatzdarlehen verwendet werden, eine Streckung der Tilgungsdauer des Hauptdarlehens. Die Meinungen zur Frage der Deckungsfähigkeit, die übrigens keine große Bedeutung hat, sind geteilt. Zusatzdarlehen wurden bisher nur in Ausnahmefällen zur Deckung verwendet. In jedem Fall sind Mindestvoraussetzungen für die Deckungsfähigkeit, daß die Summe aus dem Nennbetrag des Hauptdarlehens und dem Zusatz-(Tilgungsstreckungs-)darlehen die Beleihungsgrenze nicht übersteigt, daß die Befriedigung aus dem Grundpfandrecht das Zusatzdarlehen (etwa als eingetragene Nebenleistung) einschließt und daß Deckungsregister sowie Deckungskontrollbuch, Hauptforderung und Zusatzdarlehen getrennt ausweisen.

c) Beschlagnahme der Deckungsforderungen

Der Zweck der Deckungsbestimmungen, den Pfandbriefgläubigern die Sicherheit ihrer Forderungen in optimalem Umfang durch bevorzugte Befriedigung aus einer besonderen Vermögensmasse zu gewährleisten, wird durch eine Reihe von Vorschriften erreicht, die sich mit der Beschlagnahme der Deckungsforderungen zugunsten der Pfandbriefgläubiger, mit ihren Rechtswirkungen und mit der Institution des Hypothekenbanktreuhänders befassen.

Befriedigungsvorrecht

Die mit der Zugehörigkeit zur Deckung verbundenen Rechtswirkungen bestehen darin, daß anderen Personen als den Inhabern der gedeckten Schuldverschreibungen weder Einzelvollstreckungsmaßnahmen in die Deckungswerte noch die Befriedigung aus ihnen im Rahmen eines Konkursverfahrens gestattet sind. Die übrigen Gläubiger einer Hypothekenbank dürfen auf die Deckungswerte erst zurückgreifen, wenn die durch sie gedeckten Schuldverschreibungen getilgt sind. Die Deckungsmassen für Pfandbriefe und für Kommunalschuldverschreibungen sind getrennt zu verwerten. Nach herrschender Meinung handelt es sich bei dem *Konkursvorzugsrecht* der Pfandbriefgläubiger um ein dem *Absonderungsrecht der* Grundpfandrechtsgläubiger gemäß § 47 der Konkursordnung der Wirkung nach ähnliches Recht. Der Unterschied besteht darin, daß Pfandbriefgläubiger, die nicht unmittelbar Gläubiger der Deckungshypotheken sind, im Konkurs trotz ihres Rechts auf bevorrechtigte Befriedigung die Stellung von Massegläubigern einnehmen.[53] Dennoch können sie wegen ihrer Ansprüche — die übrigens untereinander stets ranggleich sind, soweit sie die gleiche Deckungsmasse betreffen — Befriedigung aus den sonstigen Gegenständen der Konkursmasse nur wie absonderungsberechtigte Gläubiger verlangen.

Deckungsregister

Voraussetzung und Nachweis dafür, daß Sicherheiten der Bank von den Sonderrechten der Pfandbriefgläubiger erfaßt werden, ist die *Eintragung im Deckungsregister*. Dieses ist eine Urkunde, die die zur Identifizierung des verpfändeten Grundstücks, des Grundpfandrechts sowie des gewährten Darlehens notwendigen Angaben enthält. Mit der Eintragung in das Deckungsregister, die die Bank nach § 22 Abs. 2 HBG vorzunehmen hat, tritt die Beschlagnahme des Sicherungsrechtes in seinem jeweiligen Zustand ein, sofern es sich um einen gesetzlich zulässigen Deckungswert handelt. Dies hat der Treuhänder gemäß § 30 Abs. 1 und 2 HBG vor seiner Unterschrift ebenso zu prüfen, wie die formal ordnungsmäßige Entstehung des Sicherungsrechts.

Deckungskontrolle

Neben dem Deckungsregister führen die Hypothekenbanken ein sog. *Deckungskontrollbuch*, das den jeweils vorhandenen Gesamtbetrag aller Forderungen ausweist, die durch die im Deckungsregister ablesbaren Grundpfandrechte gesichert sind. Das Deckungsregister liefert also den Nachweis der Beschlagnahme zugunsten der Pfandbriefgläubiger, das Deckungskontrollbuch den rechnerischen Wert der Deckung und damit die Grundlage für die Feststellung des unter Deckungsgesichtspunkten zulässigen Schuldverschreibungsumlaufs. Veränderungen im Deckungskontrollbuch erfolgen im Rahmen des täglichen Geschäftsablaufs, während z.B. Löschungen im Deckungsregister nach § 30 Abs. 4 HBG die Mitwirkung des Treuhänders voraussetzen. Bei ordnungsgemäßer Führung beider Bücher könnte sich zwar ergeben, daß im Deckungsregister mehr Werte eingetragen sind als — etwa infolge eingetretener Tilgungen — tatsächlich vorhanden sind. Solange aber der Betrag der umlaufenden Schuldverschreibungen den aus dem jeweiligen Deckungskontrollbuch ersichtlichen Betrag der Deckungsforderungen nicht übersteigt, ist das für die Sicherheit der Schuldverschreibungsgläubiger unschädlich.

Mit Hilfe des Deckungsregisters und des Deckungskontrollbuchs sind die Hypothekenbank und der Treuhänder in der Lage, ihrer Verpflichtung nachzukommen, für eine jederzeit auch betragsmäßig ausreichende Deckung der Pfandbriefe und Kommunalschuldverschreibungen Sorge zu tragen, der Treuhänder notfalls gemäß §§ 29 Abs. 3 Satz 1, 33 HBG unter Einschaltung der Aufsichtsbehörde. Bei einer Unterdeckung müßte unverzüglich für eine Herabsetzung des Schuldverschreibungsumlaufs gesorgt werden. Das könnte u.a. dadurch geschehen, daß die Bank Pfandbriefe bzw. Kommunalschuldverschreibungen an der Börse kauft oder ihrem Eigenbestand entnimmt und dem Treuhänder zur Vernichtung oder zur Verwahrung übergibt. Auch durch eine nur vorübergehende Rückgabe an den Treuhänder tritt gemäß § 6 Abs. 1 Satz 3 HBG eine Verkürzung des Umlaufs ein.

Treuhänder

Wie schon aus den vorstehenden Ausführungen deutlich wird, kommt der Institution des Hypothekenbanktreuhänders eine besondere Bedeutung zu. Das Schwergewicht seiner Aufgaben liegt darin, die *Ordnungsmäßigkeit der Deckung* zu überwachen und die betragsmäßige *Übereinstimmung zwischen Deckung und Schuldverschreibungsumlauf* zu gewährleisten. Hypothekenpfandbriefe und Kommunalschuldverschreibungen dürfen gemäß § 30 Abs. 3 HBG von einer Hypothekenbank nicht ohne eine Bescheinigung des Treuhänders über das Vorhandensein der vorschriftsmäßigen Deckung und die Eintragung in das Deckungsregister ausgegeben werden. Im Deckungsregister eingetragene Werte dürfen nach § 30 Abs. 4 HBG nur mit seiner Zustimmung gelöscht werden.

Der Treuhänder hat auch die Einhaltung der Umlaufsgrenze, d.h. des vom Eigenkapital abhängigen Höchstbetrages an Pfandbriefen bzw. Kommunalschuldverschreibungen nach § 30 Abs. 5 HBG zu überwachen. Außerdem hat er Gefahren für die Sicherheit der Schuldverschreibungen dadurch entgegenzuwirken, daß er gemäß § 31 Abs. 1 HBG die in die Deckungsregister eingetragenen Werte sowie die Urkunden über solche Werte unter dem Mitverschluß der Bank zu verwahren hat und sie nur nach den Bestimmungen des Hypothekenbankgesetzes herausgeben darf. So sind beispielsweise Hypotheken- und Grundschuldbriefe über Deckungswerte in einem Tresor zu verwahren, zu dessen Öffnung die Bank eines vom Treuhänder verwahrten Schlüssels bedarf.

Schwieriger liegen die Dinge dann, wenn beispielsweise bei den als Ersatzdeckung zugelassenen Guthaben bei geeigneten Kreditinstituten eine Möglichkeit fehlt, den Rückzahlungsanspruch oder wenigstens eine seine Geltendmachung betreffende Legitimationsurkunde in Mitgewahrsam zu nehmen. Entsprechend dem Sinn des § 31 HBG ist die Hypothekenbank in solchen Fällen verpflichtet, eine Sperre zugunsten des Treuhänders zu vereinbaren; diese läuft darauf hinaus, daß die Rückzahlung mit schuldbefreiender Wirkung gegenüber den Schuldverschreibungsgläubigern nur bei Zustimmung des Treuhänders oder nur an ihn und die Bank gemeinsam erfolgen kann. Zugleich ist die Sperrbescheinigung dem Treuhänder als Urkunde über einen Deckungswert auszuhändigen. Die Verwahrungspflicht erstreckt sich auch auf solche Urkunden, die zwar — anders als Hypotheken- und Grundschuldbriefe — zur Ausübung eines Deckungsrechts nicht notwendig sind, deren Vorlage jedoch im allgemeinen bei der Erfüllung verlangt wird; das gilt beispielsweise für Schuldscheine über Kommunaldarlehen, vor allem aber für Schuldurkunden bei brieflosen Grundpfandrechten.

Die Informationen, die der Treuhänder zur Ausübung seiner Pflichten und Befugnisse benötigt, darf er sich durch Einsichtnahme in die die Schuldverschreibungen und die Deckung betreffenden Unterlagen der Bank verschaffen (§ 32 Abs. 1 HBG). Kommt es zwischen ihm und der Bank zu Streitigkeiten, hat die Aufsichtsbehörde zu entscheiden (§ 33 HBG).

Der Treuhänder ist letzten Endes ein Sachwalter der Interessen der Pfandbriefgläubiger, ohne daß er als deren Vertreter bezeichnet werden könnte. Dies ergibt sich schon daraus, daß er nicht als bevollmächtigt angesehen werden darf, die Pfandbriefgläubiger rechtsgeschäftlich zu vertreten, und daß sein Amt in dem Zeitpunkt endet, in dem die Rechte an der Deckungsmasse realisiert werden müßten, d.h. im Augenblick der Konkurseröffnung. Auch zwischen der Bank und dem Treuhänder bestehen keine unmittelbaren Rechtsbeziehungen, zumal der Treuhandschaft nicht ein Vertragsverhältnis zivilrechtlicher Art zugrunde liegt. Die Hypothekenbank stellt den Treuhänder weder an, noch zahlt sie die ihm zustehende Vergütung. Beides geschieht vielmehr — wenn die Bank auch zur Erstattung der Treuhändervergütung verpflichtet ist — durch die Aufsichtsbehörde, das Bundesaufsichtsamt für Kreditwesen; dieses muß die Hypothekenbank lediglich bei der Auswahl des Treuhänders anhören. Auch der Widerruf der Bestellung erfolgt allein durch die Aufsichtsbehörde. Dennoch nimmt der Treuhänder seine Funktion nicht etwa im Rahmen der Bankenaufsicht wahr. Er hat dieser zwar bei zumindest schwerwiegenden Sachverhalten von sich aus, sonst auf entsprechende Anfrage hin Auskünfte über die von ihm bei der Wahrnehmung seiner Aufgaben getroffenen Feststellungen und Beobachtungen zu erteilen. Daraus folgt jedoch ebensowenig wie aus der Auskunftspflicht des Jahresabschlußprüfers gemäß § 29 Abs. 2 KWG ein Tätigsein für die Aufsichtsbehörde. Vor allem ist der Treuhänder gemäß § 29 HBG ausdrücklich nicht an Weisungen der Aufsichtsbehörde gebunden. Im Ergebnis übt er ein Amt aus, das sich allein aus den Bestimmungen des Hypothekenbankgesetzes in Verbindung mit der Bestellung durch die Aufsichtsbehörde herleitet.

d) Besonderheiten bei Kommunalschuldverschreibungen

Die Deckung von Kommunalschuldverschreibungen erfolgt durch Forderungen gegen Körperschaften und Anstalten des öffentlichen Rechts, z.B. gegen den Bund und seine Sondervermögen (Post, Bahn, Lastenausgleichsfonds, ERP-Sondervermögen), die Länder, die Gemeinden und Gemeindeverbände, gegen öffentlich-rechtliche Kreditanstalten usw. Da für diese Art von Krediten Sicherheiten nicht bestellt werden, hängt die Kreditentscheidung im wesentlichen von der Beurteilung der Bonität des Kreditnehmers ab (Einzelheiten vgl. Abschnitt V. B.).
Hinsichtlich der förmlichen Voraussetzungen der Deckungsfähigkeit und der hierfür notwendigen Treuhändertätigkeit

gilt weitgehend das bei der Verwendung von Hypothekendarlehen zur Pfandbriefdeckung Gesagte. Besonderheiten
ergeben sich jedoch daraus, daß die Deckungsfähigkeit
gleichzeitig mit der Darlehensauszahlung zu entstehen
pflegt und der Treuhänder sich hinsichtlich der Kreditsicherheit allenfalls über das Vorliegen einer notwendigen
Genehmigung zur Darlehensaufnahme unterrichten muß
(vgl. V. B. 2). Auch daraus, daß die Deckungsfähigkeit
hier allein von der Rechtsperson des Schuldners abhängt,
ergeben sich Besonderheiten; beispielsweise können still
abgetretene Kommunaldarlehen keine Deckungsfähigkeit
erlangen, sofern der Darlehensnehmer für die Hypothekenbank unerkennbar mit schuldbefreiender Wirkung an den
Erstgläubiger zahlen darf. Wenn dieser nicht selbst eine
Körperschaft oder Anstalt des öffentlichen Rechts ist,
würde die Deckungsfähigkeit mit der Zahlung enden, ohne
daß die Hypothekenbank und der Treuhänder dies erkennen und die sich für den Schuldverschreibungsumlauf
ergebenden Folgerungen ziehen könnten.

C. Umlaufsgrenzenregelung

1. Eigenkapital und zulässige Verbindlichkeiten

a) Maximalprinzip

Die Sicherheit des Pfandbriefes und der Kommunalschuldverschreibung wird nicht nur durch die oben behandelten
besonderen Deckungsmassen und die Begrenzung des Geschäftskreises der Hypothekenbanken, sondern auch durch
die an das haftende Eigenkapital gekoppelte Umlaufsbe-
grenzung gewährleistet. Auch die Bestimmungen der §§ 7,
41 Abs. 2 HBG, die Vorsorge für die Erhaltung eines
angemessenen Eigenkapitals treffen, dienen dem Schutz
der Schuldverschreibungsgläubiger einer Hypothekenbank.
Diese Vorsorge erfolgt im Gegensatz zu der für andere
Kreditinstitute gemäß § 10 KWG geltenden flexiblen
Regelung durch die starre normative Festlegung einer —
während der Geltungsdauer des Hypothekenbankgesetzes

mehrfach geänderten — *Relation zwischen Eigenkapital und Verbindlichkeiten.*[54]) Gegenstand dieser als *Maximalprinzip* bezeichneten Regelung sind die sog. *Umlaufsgrenzen.* Das Eigenkapital hat damit bei einer Hypothekenbank eine mehrfache Funktion zu erfüllen: Es dient, wie bei allen Banken, der Finanzierung des Aktivgeschäfts *(Finanzierungsfunktion)* und dem Schutz der Gläubiger vor Risiken *(Garantiefunktion);* darüber hinaus bildet es gemäß § 7 HBG eine begrenzende Komponente für die Geschäftsausweitung *(Umlaufsfunktion).* Unterlage wie Bemessungsgrundlage für die Berechnung der Umlaufsgrenzen sind das eingezahlte Grundkapital (ohne eigene Aktien) sowie die haftenden offenen Rücklagen.

b) Grundkapital

Die Höhe des Grundkapitals ist in der Satzung einer Hypothekenbank festgelegt. Sein Mindestnennbetrag beträgt nach § 2 Abs. 2 HBG 8 Mio DM. Diese Spezialvorschrift geht weit über die in § 7 AktG getroffene Bestimmung hinaus, wonach das Mindestgrundkapital für Aktiengesellschaften grundsätzlich auf 100.000 DM festgesetzt wird. Nach der Gesetzesbegründung entspricht diese Sonderregelung „der großen volkswirtschaftlichen Bedeutung der Hypothekenbanken und den hohen Anforderungen, die an diese im Hinblick auf ihre Eigenschaft als Daueremittenten von Schuldverschreibungen gestellt werden müssen."[55])
Die Hypothekenbanken halten insbesondere wegen der durch das Spezialitätsprinzip funktional beschränkten Gewinnmöglichkeiten den Anteil des *dividendenpflichtigen Grundkapitals* an ihrem gesamten Eigenkapital — gemessen vor allem an dem der Kreditbanken — *verhältnismäßig niedrig.* Er war in den letzten Jahren überwiegend rückläufig und lag zum 31.12.1973 im Durchschnitt bei 30%. Der Anteil des Grundkapitals am Bilanzvolumen betrug durchschnittlich zwischen 0,7% und 0,8%.

c) Offene Rücklagen

Die *offenen Rücklagen* einer Hypothekenbank setzen sich aus der gesetzlichen Rücklage nach § 150 AktG und den *freien* Rücklagen zusammen. Die gesetzliche Rücklage darf nur zum Ausgleich eines Jahresfehlbetrages oder — soweit sie 10% des Grundkapitals übersteigt — zur Kapitalerhöhung aus Gesellschaftsmitteln verwendet werden. Die Rücklagen haben auf Grund der für Hypothekenbanken geltenden Sonderregelung nach § 7 HBG wie das Grundkapital eine begrenzende Funktion für die Höhe der Verbindlichkeiten, wenn sie durch die Satzung oder Beschluß der Hauptversammlung ausschließlich zur Deckung von Verlusten oder zu einer Kapitalerhöhung aus Gesellschaftsmitteln bestimmt sind. Die sog. *unterlagsfähigen* Rücklagen entwickelten sich bei den reinen Hypothekenbanken in den letzten Jahren gleichsam *reziprok zum Grundkapital;* dessen rückläufigem Anteil am gesamten Eigenkapital steht ein sich kontinuierlich erhöhender Anteil der Rücklagen an der Summe aller haftenden Mittel gegenüber. Mit durchschnittlich rd. 74,3% erreichte er Ende 1973 eine gegenüber den Kapitalverhältnissen bei den Kreditbanken überproportionale Höhe.

Die jährlichen Zuweisungen zu den offenen Rücklagen aus Jahresüberschuß und Bilanzgewinn dienen in erster Linie einer die Zukunft nicht belastenden — weil nicht dividendenpflichtigen — Anpassung der Umlaufsgrenzen an eine erwartete expansive Geschäftsentwicklung. Trotz der kontinuierlichen Stärkung der Eigenkapitalausstattung sind bei den Hypothekenbanken die *Eigenkapital-Anteile an den Bilanzvolumina* seit langem rückläufig. Während sie 1966 noch durchschnittlich 3,34% ausmachten, sank der durchschnittliche Vomhundertsatz im Jahre 1973 auf 2,87%.[56]

Infolge der hohen Selbstfinanzierung des Eigenkapitals durch die laufende Stärkung der unterlagsfähigen Rücklagen und angesichts der geringen Grundkapitalquote an ihrem ohnehin niedrig dimensionierten Eigenkapital haben die Hypothekenbanken Dividenden nur auf einen verhältnismäßig geringen Teil ihres Eigenkapitals zu zahlen. Sie konnten bisher — trotz sich abflachender Gewinnmargen — nicht zuletzt im Interesse der Aufrechterhaltung ihres

Emissionskredits ihre relativ hohen Dividendensätze aufrecht erhalten und diese sowie die anteiligen Ertragssteuern durch die verzinsliche Anlage ihrer Eigenmittel erwirtschaften.

d) Begrenzende Funktion des Eigenkapitals

Grundkapital und haftende Rücklagen einer Hypothekenbank unterscheiden sich nicht nur in ihrer Relation zueinander und zur Bilanzsumme und damit quantitativ, sondern auch qualitativ von denen anderer Gruppen des Kreditgewerbes. Sie haben nach §§ 7, 41 Abs. 2 HBG die Funktion, das Gleichgewicht zwischen Eigenkapital und den in § 7 im einzelnen aufgeführten Verbindlichkeiten aufrecht zu erhalten. Der Gesamtbetrag der in Umlauf befindlichen Pfandbriefe durfte bis zum Inkrafttreten der HBG-Novelle 1974 den 20fachen und der Gesamtbetrag der in Umlauf befindlichen Kommunalschuldverschreibungen den 15fachen, d.h. zusammen den 35fachen Betrag des haftenden Eigenkapitals nicht übersteigen. Bei voller Ausnutzung des Umlaufsgrenzenspielraums machte bei einem *Multiplikator* von insgesamt 35 der Anteil der haftenden Mittel 2,86% am zulässigen Gesamtumlauf an Schuldverschreibungen aus; er ermäßigte sich bei den für beide Schuldverschreibungstypen auf je 25 erhöhten Multiplikatoren, d.h. bei einem auf 50 angehobenen Gesamtmultiplikator vom 1.4.1974 ab auf 2%.

§ 7 HBG bestimmte in seiner bis zum Inkrafttreten der HBG-Novelle 1974 geltenden Fassung lediglich die *Bemessungsgrundlage* für den *Umlauf von Schuldverschreibungen* und für (ohne Sicherung durch Namenspapiere) aufgenommene *Globaldarlehen*. Nunmehr bezieht § 7 Abs. 2 HBG auch andere Refinanzierungsformen (Einlagen, Globaldarlehen und nicht deckungspflichtige Schuldverschreibungen — vgl. unter VI. C. und E.) in die sog. Umlaufsgrenzenregelung ein. Diese erhält damit eine funktionale und begriffliche Erweiterung.

§ 5 Abs. 1 Nr. 4 HBG legt eine zusätzliche Eigenkapitalrelation fest: Das Gesamtvolumen der Einlagen, der Globaldarlehen ohne Sicherstellung durch Namenspfandbriefe oder Namenskommunalschuldverschreibungen sowie der nicht deckungspflichtigen Schuldverschreibungen dürfen zusammen das Dreifache des eingezahlten Grundkapitals und der in § 7 HBG bezeichneten Rücklagen nicht übersteigen.

2. Umlaufsgrenzen als Komponenten des Wettbewerbs

Für öffentlich-rechtliche Pfandbriefanstalten regelt der vom Bundesaufsichtsamt für das Kreditwesen auf der Grundlage des § 10 Abs. 1 KWG festgelegte sog. Eigenkapital-Grundsatz die Höhe des notwendigen Eigenkapitals. Während § 7 HBG die *Verbindlichkeiten* der Hypothekenbanken *begrenzt*, beschränkt § 10 KWG den *Umfang des Aktivgeschäfts*. Allerdings wird dieses im Gegensatz zum Passivgeschäft der Hypothekenbanken nicht in vollem Umfange erfaßt. Die höheren Eigenkapitalanforderungen an die Hypothekenbanken sind eine Folge der grundlegend verschiedenen Konzeptionen des Hypothekenbankgesetzes und des Rechts der öffentlich-rechtlichen Kreditanstalten. Sie erklären sich vor allem *aus der besonderen Struktur der privaten Hypothekenbanken*, die sich seit jeher als Spezialinstitute für die Pflege eines breitgestreuten Pfandbriefgeschäfts, also für eine Anlageform besonderer Bonität verstehen und gewisse hiermit verbundene Beschränkungen in Kauf nehmen.[57]

Im Wettbewerb ergeben sich für die Hypothekenbanken aus dieser differenzierten Eigenkapitalanforderung Nachteile. Sie wurden zwar durch die letzte Erweiterung der Umlaufsgrenzen verringert, sind jedoch insbesondere insoweit, als der Eigenkapitalgrundsatz des Bundesaufsichtsamtes die Direktkredite an die öffentliche Hand nicht begrenzt, auch nicht beseitigt. Solange die Hypothekenbanken aus dem jeweiligen Jahresergebnis ihre unterlagsfähigen offenen Rücklagen werden stärken können, sind diese *Wettbewerbsnachteile kraft Gesetzes* eher latent als manifest. Gestattet der Jahresüberschuß jedoch einmal keine oder nur geringere Zuweisungen zu diesen Rücklagen, so bleibt nach Ausschöpfung des Umlaufsgrenzenspielraumes zur Fortsetzung einer (vor allem inflationär be-

dingten) Wachstumspolitik nur der Weg über rentabilitäts-
belastende Kapitalerhöhungen. Vorerst allerdings kann damit gerechnet werden, daß auf Grund der erhöhten
Umlaufsgrenzen Kapitalaufstockungen nicht erforderlich
sein werden und Zuweisungen zu den unterlagsfähigen
Rücklagen zumindest nicht in dem bisherigen Umfang zu
erfolgen brauchen.

IV. KREDITWIRTSCHAFTLICHE BEDEUTUNG DER HYPOTHEKENBANKEN

A. Strukturwandel der Kreditversorgungsfunktion in einem Jahrhundert

1. Vom landwirtschaftlichen Kredit zur Finanzierung von Wohnungs- und Städtebau

Bereits bei der Darstellung ihrer Gründung war darauf hinzuweisen, daß die ursprüngliche kreditwirtschaftliche Aufgabe der Hypothekenbanken in der Versorgung insbesondere der Landwirtschaft mit langfristigem Kredit lag. Das allgemeine Bevölkerungswachstum, die zunehmende Verstädterung im Rahmen einer fortschreitenden Industrialisierung und das wachsende Durchschnittseinkommen, das die qualitativen Wohnansprüche allgemein anhob, ließen die Nachfrage nach langfristigen Krediten zur Finanzierung des städtischen Wohnungsbaus und von Infrastrukturmaßnahmen der öffentlichen Hand ansteigen; der Fremdfinanzierungsbedarf der Wohnungswirtschaft im weitesten Sinne war im 19. Jahrhundert wohl — gemessen an anderen Wirtschaftsbereichen — neben dem des Eisenbahnbaus am größten.[58]

Als die Hypothekenbanken reichsgesetzlich mit Inkrafttreten des Hypothekenbankgesetzes (§ 28 Abs. 1 Ziff. 2 HBG) verpflichtet wurden, über die Höhe ihrer Deckungshypotheken an landwirtschaftlichen Grundstücken zu berichten, stellte sich heraus, daß der Anteil des langfristigen Agrarkredits nur etwa 11% vom gesamten Hypothekendarlehensbestand der Institute ausmachte; er ist bis Ende 1973 auf etwa 2,1% gesunken.

Die Finanzierung des Wohnungsneubaus blieb ein Schwerpunkt der Kreditversorgungsfunktion der Hypothekenbanken. § 11 HBG gestattete ihnen im Rahmen ihres Pfandbriefgeschäfts jedoch nur die Gewährung im erststelligen Beleihungsraum abgesicherter Kredite. Die Aufbringung nachrangiger Fremdfinanzierungsmittel, insbesondere der sog. unrentierlichen zweiten Hypothek mußte aus anderen Finanzierungsquellen erfolgen. In Anpassung an sich im

Laufe der Jahre ändernde Finanzierungsformen wurden durch öffentliche Bürgschaften immer dann zusätzliche Kapitalmarktmittel und damit Kredite der Hypothekenbanken mobilisiert, wenn Eigenkapital der Bauherren oder dieses ersetzende andere, vor allem öffentliche Mittel nicht oder nicht ausreichend zur Verfügung standen. Das gilt gleicherweise für die staatlichen Förderungsmaßnahmen des Wohnungsbaus nach der Inflation der zwanziger Jahre wie für die öffentlichen Finanzhilfen nach der Währungsumstellung 1948: Aus dem Aufkommen der Gebäudeentschuldungssteuer, die auf Grund der dritten Steuernotverordnung vom 14.12.1924 (RGBl. I S. 74) als Ausgleich für die Entschuldung des Hausbesitzes durch Inflation und Währungsumstellung erhoben wurde (vgl. II. B 2), stellten die Länder zinsverbilligte nachrangige Darlehen bereit (Hauszinssteuerhypothek in Preußen). Da die Hypothekenbanken erste Hypotheken nicht mehr wie früher bis zu 60%, sondern nur noch in Höhe von maximal 40% der jeweils zulässigen Beleihungswerte gewährten, übernahmen Länder und Gemeinden *Ausbietungsgarantien und Zinsbeihilfen* für über 35 bis 40% der Beleihungswerte liegende Beträge erster Hypotheken. Dieser durch eine Ausbietungsgarantie gesicherte Teil der ersten Hypothek wurde als sog. Ia-Hypothek bezeichnet.[59]

Anfang der dreißiger Jahre stand in fast allen Ländern das Aufkommen aus der Gebäudeentschuldungssteuer infolge anderer haushaltsmäßiger Belastungen für die Subventionierung des Wohnungsbaus nicht mehr zur Verfügung. Die Abhängigkeit der Wohnungsbaufinanzierung von der Bereitstellung öffentlicher Mittel führte daher vor allem im Mietwohnungsbau der unternehmerischen Wohnungswirtschaft zu einem beträchtlichen Rückgang der Bauleistungen. Als der Wohnungsneubau zum Erliegen zu kommen drohte, suchte man nach Wegen, das dem Bodenkredit weitgehend entfremdete Privatkapital wieder für die Baufinanzierung zu gewinnen. Die bisherige direkte staatliche Subventionierung durch Kapitalhilfen wurde weitgehend durch eine indirekte Förderung im Wege von *Reichsbürgschaften* für Kapitalmarktdarlehen (bis zu 70% der Gestehungskosten) ersetzt. Auf Grund der Notverordnung vom 1.12.1930[60] konnten Reichsbürgschaften für Darlehensverpflichtungen zur Förderung des Baues von Klein- und Mittelwohnungen übernommen werden. Die Dritte Notverordnung vom 6.10. 1931[61] sah die Übernahme von Bürgschaften für die Errichtung von Kleinsiedlungen vor.[62]

Nach dem Zweiten Weltkrieg waren im Gebiet der heutigen Bundesrepublik von dem Vorkriegswohnungsbestand von rd. 10,5 Mio Wohnungseinheiten (WE) rd. 2,3 Mio WE zerstört oder schwer beschädigt; die kriegsbedingte Wohnraumnot wurden durch den Wohnungsbedarf von etwa 10 Millionen Heimatvertriebenen und Flüchtlingen verstärkt. Der Wohnungsneubau wurde damit in der Bundesrepublik zu einer der vordringlichen sozialpolitischen Aufgaben; zu ihrer Bewältigung trugen die Hypothekenbanken mit einem ihrer Funktion als Spezialkreditinstitute im langfristigen Bereich entsprechenden und von Jahr zu Jahr wachsenden Anteil bei.

Da — wie bereits in anderem Zusammenhang darzustellen war — der Rentenmarkt nach der Währungsreform 1948 nur langsam seine Funktionsfähigkeit wiedererlangte, waren sie zunächst in die Weiterleitung zentralgesteuerter Mittel eingeschaltet. So wurden aus D-Mark-Gegenwerten der Marshallplan-Hilfe Sonderbauprogramme für Vertriebene und Bergarbeiter sowie für Entwicklungsbauvorhaben finanziert.[63] Diese und andere öffentliche Mittel sollten als Initialzündung für die Erschließung anderer Kapitalquellen, insbesondere des Kapitalmarktes dienen. Sie wurden daher grundsätzlich nicht für Vollfinanzierungen, sondern nur komplementär zu anderen Finanzierungsquellen zur Verfügung gestellt. An den für den *Wohnungsneubau* aus Mitteln des *ERP-Sondervermögens* des Bundes über die Kreditanstalt für Wiederaufbau als Zentralinstitut bereitgestellten Darlehen in Höhe von insgesamt 791 Mio DM waren die Hypothekenbanken bis zum Auslaufen der Programme im Jahre 1967 mit 169 Mio DM, d.h. mit 21% beteiligt. Ihre Mitwirkung an zentral gesteuerten Sonderkreditaktionen aus öffentlichen Mitteln für *Modernisierungsmaßnahmen* war im Hinblick auf noch valutierende Bauhypotheken und die damals noch geltende Bestimmung des § 11 Abs. 1 HBG, wonach Beleihungen in der Regel nur an erster Stelle zulässig waren, vergleichsweise gering; ihr Anteil an Modernisierungskrediten aus

Mitteln des ERP-Sondervermögens sowie an den Zuschuß-programmen aus Bundeshaushaltsmitteln lag bis Ende 1972 jeweils bei etwa 3%.[64] Im Rahmen der Wiedereingliederungsmaßnahmen zugunsten von *Vertriebenen und Flüchtlingen* wirkten die Hypothekenbanken an der Auszahlung, der treuhänderischen Verwaltung und der Überwachung der *Aufbaudarlehen* für den Wohnungsbau aus *Mitteln des Lastenausgleichsfonds* mit, sofern sie die erste Hypothek für das mit dem Aufbaudarlehen geförderte Bauvorhaben gewährten.[65] Am 30.6.1973 beliefen sich alle von den Hypothekenbanken verwalteten Aufbaudarlehen für den Wohnungsbau auf rd. 357 Mio DM; das bedeutet einen Anteil von nahezu 11% der insgesamt aus dem Lastenausgleichsfonds zur Verfügung gestellten Wohnungsbaudarlehens.[66] Eine weitere, wenn auch nur mittelbare Form öffentlicher Wohnungsbaufinanzierung bildeten Pfandbriefkäufe der Rentenversicherungen. Diese versetzten die Hypothekenbanken damit in die Lage, für Wohnungsbaumaßnahmen der Versicherten zinsgünstige Darlehen zur Verfügung zu stellen.

Die Sonderkreditprogramme aus öffentlichen Mitteln wurden im Laufe der Jahre durch unterschiedliche staatliche Subventionsmaßnahmen ergänzt und fortgeführt. Offene und verdeckte öffentliche Finanzhilfen strahlten auf Passiv- und Aktivgeschäft der Hypothekenbanken aus: Auf Grund des bereits erwähnten Ersten Gesetzes zur Förderung des Kapitalmarktes vom 15.12.1952 (BGBl. I S. 793) wurde ihnen die Emission steuerfreier sog. *Sozialpfandbriefe* gestattet. Deren Verkaufserlöse dienten zu mindestens 90% der Finanzierung des sozialen Wohnungsbaus und der hiermit zusammenhängenden Erschließungsmaßnahmen. Diese kapitallenkende Steuersubvention wirkte einerseits absatzstimulierend auf den Schuldverschreibungsabsatz; zum anderen konnten über die mit steuerfreien 5 und 5,5%igen Schuldverschreibungen refinanzierten Hypothekendarlehen sozialpolitisch angestrebte niedrige, für breite Schichten der Bevölkerung tragbare Mietbelastungen erreicht werden. Die Hypothekenbanken setzten insgesamt rd. nom. 3,53 Mrd. DM steuerfreie Pfandbriefe und Kommunalschuldverschreibungen ab. Ende 1973 waren noch rd. nom. 3,368 Mrd. DM davon im Umlauf. Ein wieder erstarkender

Rentenmarkt gestattete Anfang 1955 die Emission steuerlich nicht mehr subventionierter zunächst 6%iger und im Jahresverlauf vorübergehend auch 5,5%iger tarifbesteuerter Schuldverschreibungen.

Die Finanzierung des Wohnungsneubaus bedurfte jedoch im Interesse der Erzielung tragbarer Mieten für die einkommensschwache Bevölkerung und für sog. *Problemgruppen* (Aussiedler, Flüchtlinge, alte Leute, kinderreiche Familien, Bergarbeiter u.a.) neben steuerlich herabsubventionierten Kapitalkosten auch der unmittelbaren öffentlichen Förderung. Diese wurde für den *sozialen* Wohnungsbau durch das Erste[67] und das Zweite Wohnungsbaugesetz[68] in verschiedenen, die Geschäftätigkeit von Hypothekenbanken unterschiedlich beeinflussenden Formen geregelt:

Die öffentliche Wohnungsbauförderung nach dem *Ersten Wohnungsbaugesetz* erfolgte grundsätzlich durch öffentliche Baudarlehen zu niedrigen Zinssätzen als Ersatz fehlender Kapitalmarktmittel; kapitalmarktbedingt höher verzinsliche erststellige Hypotheken der Realkreditinstitute deckten meist nur 25-30% der Gesamtherstellungskosten; weitere 45-50% wurden durch *Kapital*subventionen aus öffentlichen Haushalten bereitgestellt; der verbleibende Rest der Gesamtfinanzierung wurde insbesondere durch Eigenkapital oder Eigenleistungen aufgebracht.[69]

Auf Grund der im Laufe der Jahre weiter zunehmenden Funktionsfähigkeit des Kapitalmarktes konnten die öffentlichen Haushalte durch das *Zweite Wohnungsbaugesetz* durch Förderungsmaßnahmen entlastet werden, die eine *verstärkte Einschaltung des organisierten Realkredits* und damit auch der Hypothekenbanken im sozialen Wohnungsbau voraussetzten. Die *Übernahme öffentlicher Bürgschaften* für Darlehen an zweiter Rangstelle diente der Aufbringung von Kapitalmarktdarlehen, deren Kapitalkosten (Zinsen) weitgehend durch *Annuitätszuschüsse, Annuitätsdarlehen und Aufwendungsbeihilfen aus öffentlichen Mitteln,* insbesondere der Länder, d.h. durch *Ertrags*subventionen neutralisiert wurden. Auf diese Weise wurde auch für Pfandbriefdarlehen der Hypothekenbanken eine Zinsverbilligung erreicht, die sich kostenentlastend ähnlich auswirkte wie die frühere Gewährung von echten *Kapital-*

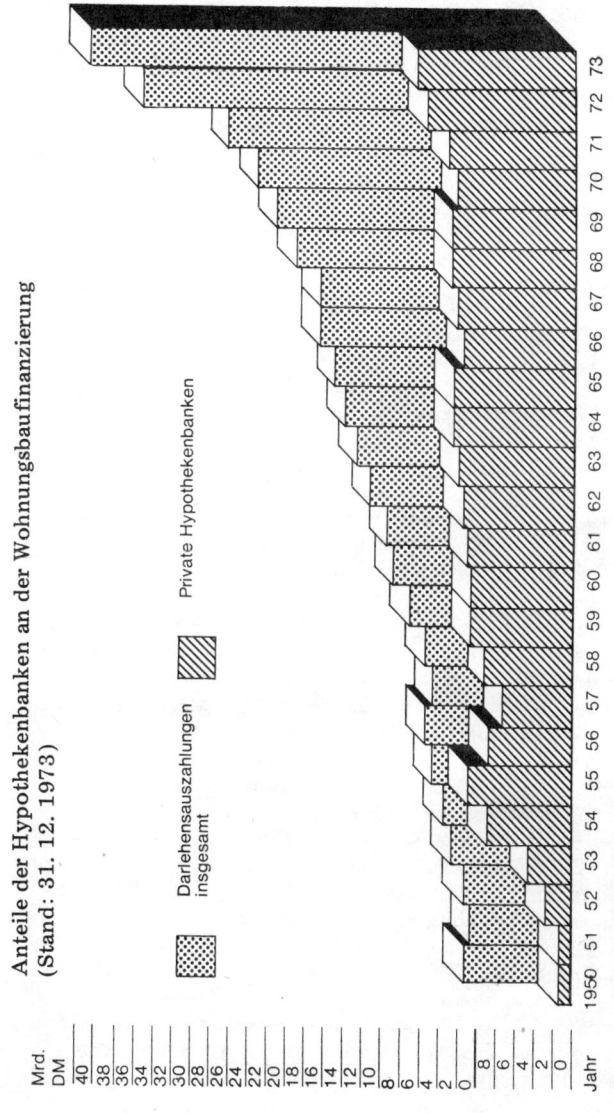

Anteile der Hypothekenbanken an der Wohnungsbaufinanzierung
(Stand: 31. 12. 1973)

Private Hypothekenbanken

Darlehensauszahlungen
insgesamt

Mrd. DM

40 38 36 34 32 30 28 26 24 22 20 18 16 14 12 10 8 6 4 2 0
8 6 4 2 0

Jahr 1950 51 52 53 54 55 56 57 58 59 60 61 62 63 64 65 66 67 68 69 70 71 72 73

Quelle: Bundesbaublatt ab 1951

85

subventionen. Seit 1967 kann im sog. zweiten Förderungsweg auch der Schuldendienst von Kapitalmarktdarlehen für steuerbegünstigte Wohnungen durch befristete Annuitätszuschüsse oder -darlehen subventioniert werden.

Wie in den zwanziger Jahren wirkten öffentliche Bürgschaften (diesmal auch in Verbindung mit Ertragssubventionen) wieder einmal stimulierend auf die Mobilisierung von Kapitalmarktmitteln für die Wohnungsbaufinanzierung und das Kreditgeschäft der Hypothekenbanken. Die Übernahme dieser Bürgschaften ist (wie der Wohnungsbau in seiner Gesamtheit) kraft grundgesetzlicher Regelung *Länderangelegenheit* und wird daher durch Bürgschaftsbestimmungen der Länder geregelt.

Ergänzend zu den unmittelbaren öffentlichen Förderungsmaßnahmen bildeten und bilden steuerliche Vergünstigungen der *Siebener Gruppe* des Einkommensteuergesetzes, Wohnungsbauprämien, subjektive Steuerfreiheit der gemeinnützigen Wohnungs- und Siedlungsunternehmen und andere Maßnahmen mittelbare Anreize zur Aufnahme von Fremdmitteln auch bei den Hypothekenbanken. Auf die Darstellung von Kiock in Nr. 48 dieser Taschenbuch-Reihe *Wohnungsbaufinanzierung* darf insoweit Bezug genommen werden.

Während der Anteil der Hypothekenbanken an den *gesamten Neuzusagen* für die Wohnungsbaufinanzierung 1950 noch 10,7%, an den *Darlehensauszahlungen* noch 10,77% betrug, erhöhten sich diese Vomhundertsätze bei einem gleichzeitig erheblich gestiegenen Gesamtzusage- bzw. Auszahlungsvolumen Ende 1973 auf 15% bzw. 15,4%.[70] Gesellschaftspolitische Zielsetzungen, insbesondere die Anforderungen, die sich im Interesse einer sachgerechten Lösung der mit der Sanierung großflächiger Baugebiete und der Entwicklung selbständiger Siedlungseinheiten stellten und noch stellen, bedingten Ende der sechziger/Anfang der siebziger Jahre den Übergang vom reinen Wohnungsneubau zur umfassenderen Konzeption einer Stadt- und Dorfsanierung. Der Wohnungsbau und seine Finanzierung wurden zunehmend nicht mehr isoliert, sondern als Teil des Städtebaus betrachtet und gewertet. Das Städtebauförderungsgesetz[71] eröffnete den Hypothekenbanken erweiterte kreditwirtschaftliche Möglichkeiten. Außer Gemeinden können nunmehr *Sanierungsträger* als Treuhänder in eigenem Namen für Rechnung von Gemeinden zur Finanzierung von Maßnahmen im Rahmen der sog. *Ordnungsphase* Kommunaldarlehen aufnehmen. Auch die *Entwicklungsträger*, die treuhänderisch für Gemeinden bei der Vorbereitung und Durchführung von Entwicklungsmaßnahmen tätig werden, sind kommunalkreditfähig. Für die Finanzierung der Baumaßnahmen steht das konventionelle Instrumentarium des Realkredits zur Verfügung, d.h. auch das erststellig gesicherte Hypothekendarlehen und das öffentlich verbürgte nachrangige Darlehen der Hypothekenbanken.

2. Aufweichung der Arbeitsteiligkeit im Realkredit

Die klassische Wohnungsbaufinanzierung war durch eine strenge institutionelle Arbeitsteilung gekennzeichnet. Es gab (und gibt noch heute) Spezialkreditinstitute für die kurzfristige Vor- und Zwischenfinanzierung, an der sich seit einigen Jahren zunehmend auch die Kreditbanken beteiligen. Die Pfandbriefinstitute, d.h. private Hypothekenbanken und öffentlich-rechtliche Kreditanstalten, aber auch die Sparkassen betätigten sich durch Gewährung langfristiger Hypothekendarlehen überwiegend im rentierlichen (erststelligen) Raum. Die Bausparkassen gaben nachrangige Darlehen. Schon die öffentlich·verbürgten (Ib-) Darlehen bildeten eine durch den Eigenkapitalmangel vieler Bauherren, auch der unternehmerischen Wohnungswirtschaft, begründete Durchbrechung dieses Finanzierungsschemas. Nunmehr gestattet das Bausparkassengesetz vom 18.11. 1972[2]) den *Bausparkassen* auch Beleihungen *im erststelligen Raum* und zu deren Refinanzierung u.a. die Ausgabe von auf den Inhaber lautenden Schuldverschreibungen mit Laufzeiten von bis zu vier Jahren. Beleihungen der *Hypothekenbanken* aus ihren freien (nicht gebundenen) Mitteln wurden mangels einer entgegenstehenden gesetzlichen Regelung zwar schon immer in begrenztem Umfang auch *im zweitstelligen Raum* für zulässig gehalten. Durch die HBG-Novelle 1974 werden sie bis zur Höhe von 10% des Gesamtbetrages der jeweiligen hypothekarischen Beleihungen ausdrücklich zugelassen; die Mittel hierfür sowie für Vor-, Zwischen- und Nachfinanzierungen können sich die Hypothekenbanken u.a. durch den Verkauf von nicht deckungspflichtigen Schuldverschreibungen beschaffen (§ 5 Abs. 1 Nr. 2 und 4 HBG — vgl. VI, E).

Die seit einigen Jahren angebotenen langfristigen *Finanzierungen aus einer Hand* (Verbundfinanzierungen) fassen die verschiedenartigen Finanzierungsbeiträge im Wege einer *verdeckten Kooperation* aller Institutsgruppen zusammen. Sie stellen dem Bauherrn unter *weitgehender Anonymität der einzelnen Geldgeber* eine Einheitsfinanzierung durch ein nach außen als Kreditgeber auftretendes Institut zur Verfügung. Die rechtliche Ausgestaltung, insbesondere die Absicherung (global oder einzeln für jede beteiligte Bank) ist unterschiedlich.

Außer den Instituten des organisierten Realkredits befassen sich zunehmend andere Kapitalsammelstellen, vor allem *Kreditbanken* und *Versicherungsunternehmen* (im Rahmen ihrer Vermögensanlagepolitik) mit dem Grundkreditgeschäft. Die hypothekarischen Darlehen werden teilweise mit Zusatzleistungen, z.B. mit Versicherungsschutz, gekoppelt und sind in ihrer Ausstattung differenzierter geworden. Durch diese neuen Finanzierungsmodelle und durch zusätzliche sich im Realkredit betätigende Kreditgeber wurden für die Hypothekenbanken neue Wettbewerbspositionen aufgebaut und die frühere Arbeitsteilung weiter aufgeweicht.

3. Deckung des Kreditbedarfs der öffentlichen Hand

Vor dem Ersten Weltkrieg konnten auch kleinere Gemeinden ihren noch relativ geringen Fremdfinanzierungsbedarf weitgehend über Emissionen eigener Anleihen decken. Bereits zwischen den beiden Weltkriegen, insbesondere nach der Inflation der zwanziger Jahre, änderte sich die Verschuldungsstruktur der öffentlichen Hand. Gemeinden, Gemeindeverbände und kommunale Zweckverbände bedienten sich zunehmend des Kommunalkredits der Hypothekenbanken. Dieser gewann seit 1948 eine kaum vorhersehbare Bedeutung. Die öffentliche Hand war zur Finanzierung aller im Rahmen ihrer sich ständig erweiternden

Daseinsvorsorge als notwendig erkannter sozialer Infrastrukturmaßnahmen (z.B. Umweltschutz, Städtebau, Sanierung und Entwicklung von Gemeinden, Krankenhausfinanzierung, Entwicklung des öffentlichen Massenverkehrs, Bildungsinvestitionen, Straßenbau u.ä.) aus Steuermitteln nicht in der Lage.

Die Hypothekenbanken bemühten sich daher, zur Deckung des gestiegenen und zugleich differenzierter gewordenen öffentlichen Kreditbedarfs im Rahmen ihrer Möglichkeiten mitzuwirken. Nicht nur selbst emissionsfähige größere Städte, sondern auch die Bundesländer, der Bund und seine Sondervermögen (Bundesbahn, Bundespost, Lastenausgleichsfonds und ERP-Sondervermögen), aber auch öffentlich-rechtliche Kreditanstalten (z.B. Kreditanstalt für Wiederaufbau, Lastenausgleichsbank, Deutsche Siedlungs- und Landesrentenbank) nahmen zunehmend *Kommunal*kredite bei Hypothekenbanken in Anspruch. Diese refinanzieren solche Darlehen über den Verkauf ihrer Kommunalschuldverschreibungen; sie stellen damit ihren eigenen Emissionskredit der öffentlichen Hand zur Verfügung und entlasten diese von einer unmittelbaren Marktinanspruchnahme durch Aufnahme eigener Anleihen.

4. Wirtschaftsförderung durch öffentliche Bürgschaften

Neben dafür bestehenden Spezialkreditinstituten betätigen sich Hypothekenbanken auch im *langfristigen gewerblichen Kreditgeschäft*. Seine besonderen Risiken und der zumeist bestehende Mangel an branchen- und fachkundigem Bankpersonal ließen jedoch — zumindest bei den reinen Hypothekenbanken — diese Geschäftssparte gegenüber den sonstigen Geschäften zurückbleiben.

Vor allem in der Zeit nach dem Zweiten Weltkrieg führten die Unterversorgung der deutschen Wirtschaft in ihrer Eigenkapitalausstattung und unzureichende Fremdfinanzierungsmöglichkeiten im gewerblichen Bereich zur Schaffung eines vielschichtigen öffentlichen *Bürgschaftssystems*. Dieses diente der *Mobilisierung* von *Kapitalmarktmitteln* zur Finanzierung wirtschafts- und gesellschaftspolitisch förderungswürdiger privater Investitionsvorhaben und damit der Haushaltsentlastung der öffentlichen Hand. Bürgschaften wurden und werden vor allem für langfristige Kredite für den Wiederaufbau der deutschen Wirtschaft zum Zwecke der Verbesserung regionaler Wirtschaftsstrukturen (Zonenrandgebiet, Berlin, regionale Förderungsprogramme), zur Förderung bestimmter Wirtschaftsbereiche (z.B. Seeschiffahrt, Steinkohlenbergbau, mittelständische Wirtschaft, Vertriebenenwirtschaft) sowie für Infrastrukturmaßnahmen (Umweltschutz, Abwässerreinigungsanlagen, Reinhaltung der Luft, Gewässerreinhaltung u.a.) übernommen.[73] Träger dieser Bürgschaftsprogramme waren und sind der Bund, seine Sondervermögen (insbesondere das ERP-Vermögen[74] und der Lastenausgleichsfonds), die Länder (einschließlich der von ihnen gegründeten Spezialinstitute mit Bürgschaftsfunktionen) und die Gemeinden. Die Hypothekenbanken machten und machen von diesen Bürgschaftsmöglichkeiten weitestgehend Gebrauch und refinanzieren auch die öffentlich verbürgten Kredite über Kommunalschuldverschreibungen.

B. Regionale Begrenzungen

1. Anfänge überregionaler Geschäftstätigkeit

Während des Bestehens des Deutschen Bundes war bis 1866 die Tätigkeit der innerhalb der deutschen Bundesstaaten zugelassenen Hypothekenbanken *nicht* auf das Land ihres Geschäftssitzes beschränkt. Es gab Banken, die ihre Beleihungstätigkeit auf alle Länder des Deutschen Bundes, dem bis 1866 Teile der Österreichischen Monarchie angehörten sowie auf die nicht zum Deutschen Bund zählenden östlichen Provinzen Preußens gelegentlich sogar auf Ungarn, ausgedehnt haben.[75] Hierin dürften zumindest institutionelle Anfänge einer *grenzüberschreitenden Geschäftstätigkeit* enthalten gewesen sein. Im gleichen Sinne dürfte die überregionale Beleihungstätigkeit der Hypothekenbanken seit 1866, d.h. seit Bestehen des Norddeutschen Bundes, in den Ländern der Österreichischen Monarchie — die ja dem Norddeutschen Bund nicht angehört haben —

und nach der Reichsgründung 1871 zu werten sein. Eine freiwillige Beschränkung auf das Gebiet des Deutschen Reiches erfolgte bei der Frankfurter Hypothekenbank 1885[76]), bei der Deutschen Hypothekenbank (Meininger) um 1886[77]) und bei der Süddeutschen Bodencreditbank 1888.

Das Hypothekenbankgesetz begrenzte in seiner ursprünglichen Fassung nur die Gewährung der zur Deckung von Pfandbriefen bestimmten Darlehen auf das Inland, d.h. auf das damalige Reichsgebiet bzw. den jeweiligen räumlichen Geltungsbereich dieses Gesetzes. Für einige Hypothekenbanken, insbesondere für diejenigen, die auch außerhalb der deutschen Bundesstaaten Darlehen gewähren durften, bewirkte es damit eine regionale Beschränkung ihrer bisherigen Beleihungstätigkeit und die Notwendigkeit einer Änderung ihrer Statuten.

2. Begrenzung auf das Inland

Seit der Novelle 1974 *dürfen* gemäß §§ 1 Nr. 1, 5 Abs. 1 Nr. 2 HBG ausnahmslos *nur* noch *inländische Grundstücke beliehen werden*, weil (nach der Gesetzesbegründung) bei der unterschiedlichen Ausgestaltung und Sicherheit der Grundpfandrechte in ausländischen Staaten eine Beleihung ausländischer Grundstücke (auch heute noch) so erhebliche *Bonitätsrisiken* in sich birgt, daß eine Zulassung dieses Geschäftszweiges dem Gesetzgeber für die Hypothekenbanken nicht vertretbar erschien. Eine *Unterscheidung* zwischen aus Pfandbriefmitteln refinanzierten, auf inländischen Grundstücken gesicherten und damit deckungsfähigen und solchen Hypothekendarlehen, die aus *freien Mitteln* gewährt und auf Grund des bisherigen Rechts nach Auffassung der Hypothekenbanken auch auf ausländischen Grundstücken gesichert werden konnten, *entfällt* künftig. Insoweit enthält die Novelle 1974 eine Verschärfung des bis dahin geltenden *kreditwirtschaftlichen Territorialprinzips*. Über Kommunalschuldverschreibungen refinanzierte *Kommunaldarlehen* dürfen nach § 1 Nr. 2 HBG nur an *inländische* Körperschaften und Anstalten oder unter deren voller Gewährleistung an Dritte gewährt werden. Das heißt: Der Sitz der darlehensaufnehmenden oder eine Gewährleistung übernehmenden Körperschaft oder Anstalt muß sich im *Inland* befinden. Gesetzgeber, Rechtsprechung und Rechtswissenschaft halten — soweit ersichtlich — an der Rechtsauffassung fest, daß die Deutsche Demokratische Republik (DDR) im Verhältnis zur Bundesrepublik Deutschland nicht als Ausland angesehen werden könne. Sie gehört demzufolge *völkerrechtlich* zum Inland, wenn und soweit es um die Frage der politisch-territorialen Ordnung Deutschlands geht.[78] Handelt es sich jedoch, wie u.a. in modernen Wirtschaftsgesetzen, um eine regional-funktionale Ordnung, ist — ähnlich wie im Währungsrecht — eine Interpretation aus dem spezialgesetzlichen Zusammenhang geboten. *Inland i.S. von § 1 HBG* wird deshalb nach dem ordnungspolitischen Sinngehalt des Hypothekenbankgesetzes mit dessen *räumlichen Geltungsbereich gleichzusetzen* sein. Dieser erstreckt sich (wie der der Deutschen Mark) *nicht* auf die DDR.[79]

Hinsichtlich des *Status des Landes Berlin* bestimmt zwar das Viermächte-Abkommen über Berlin vom 3.9.1971 in Abschnitt II B, daß die Westsektoren Berlins „so wie bisher kein Bestandteil (konstitutiver Teil) der Bundesrepublik Deutschland sind und auch weiterhin nicht von ihr regiert werden."[80] Auf Grund der sog. Berlin-Klausel in Art. V der HBG-Novelle 1974 gilt diese jedoch auch im Land Berlin. Damit sind die rechtlichen Voraussetzungen für die Zulässigkeit der Beleihung von Grundstücken und der Gewährung von kommunaldeckungsfähigen Darlehen im Land Berlin geschaffen, ohne daß zur Frage Stellung genommen werden muß, ob das Land Berlin als Inland im Sinne des § 1 HBG anzusehen ist.

3. Grenzüberschreitendes Kommunalkreditgeschäft

Schon bisher war die Gewährung *kommunaldeckungsfähiger* Darlehen auch an *ausländische Schuldner* zulässig, sofern eine inländische Körperschaft bzw. Anstalt des öffentlichen Rechts eine volle *Gewährleistung* (Bürgschaft) übernahm. Das heißt: § 5 Abs. 1 Nr. 1 HBG stellte die Deckungsfähigkeit öffentlich verbürgter Kredite nicht auf die In- oder Ausländereigenschaft des Kreditnehmers, sondern allein darauf ab, ob die Gewährleistung von einer inländischen Kommunaldarlehensfähigen Stelle übernommen wurde. Insoweit hat die HBG-Novelle 1974 (§ 1 Nr. 2 HBG) nichts geändert.

Auf Grund des durch § 5 Abs. 2 der HBG-Novelle 1963 geschaffenen Rahmentatbestandes konnten darüber hinaus auf Grund einer entsprechenden Rechtsverordnung zwischenstaatliche Einrichtungen, denen die Bundesrepublik Deutschland Hoheitsrechte übertragen hatte, d.h. insbesondere supranationale Rechtspersönlichkeiten des Völkerrechts im europäischen Bereich als kommunaldarlehensfähige Partner den inländischen Körperschaften und Anstalten des öffentlichen Rechts gleichgestellt werden. Die erste sog. *Gleichstellungs*verordnung vom 24.9.1963[81]) gestattete, Forderungen aus Darlehen an die Europäische Gemeinschaft für Kohle und Stahl (Montanunion) oder Darlehen an Dritte unter Übernahme der Gewährleistung durch die Montanunion als ordentliche Deckung für die ausgegebenen Kommunalschuldverschreibungen zu verwenden. Eine gleichartige Regelung erfolgte nach langwierigen, einem Bedürfnisprüfungsverfahren vergleichbaren Verhandlungen mit den Bundesressorts für die Europäische Atomgemeinschaft und die Europäische Investitionsbank erst durch die „Verordnung über die Verwendung von Darlehen an die Europäischen Gemeinschaften als Deckung für Kommunalschuldverschreibungen" vom 20.12.1968 (BGBl. I S. 1450). Die Gleichstellungen dieser drei supranationalen Einrichtungen mit den inländischen Körperschaften und Anstalten des öffentlichen Rechts wurden durch die HBG-Novelle 1974 gesetzestechnisch in § 5 Abs. 2 HBG übernommen. Gesetzliche Begrenzungen des Darlehensvolumens bestehen — wie bisher — insoweit nicht.

Da die Hypothekenbanken als Spezialinstitute des langfristigen Kredits institutionell geeignet und in der Lage sind, einen Beitrag zu einer Harmonisierung der nationalen Finanzierungsquellen im Rahmen einer angestrebten Integration der nationalen Kapitalmärkte zu leisten, erweiterte die HBG-Novelle 1974 den Kreis der ausländischen Geschäftspartner. Auf Grund des neugefaßten § 5 Abs. 1 Nr. 1 HBG dürfen die Hypothekenbanken nunmehr als sog.

Nebengeschäfte Darlehen in Deutscher Mark auch an Mitgliedsstaaten der Europäischen Gemeinschaften (EG) oder gegen Übernahme der vollen Gewährleistung durch einen solchen Staat gewähren und die erworbenen Forderungen zur Deckung von Kommunalschuldverschreibungen verwenden. Die Einführung der Kommunaldarlehensfähigkeit für die EG-Mitgliedsstaaten rechtfertigte sich nach der Gesetzesbegründung „durch die enge und ständig zunehmende wirtschaftliche Verflechtung dieser Staaten auf der Grundlage der Tätigkeit von Gemeinschaftsorganen, die auf eine den Gemeinschaftsinteressen und den einzelnen Mitgliedstaaten dienende Wirtschafts- und Finanzpolitik hinwirken und bei ihrer Tätigkeit übertragene Hoheitsbefugnisse der Mitgliedstaaten wahrnehmen." Die quantitative Begrenzung des Geschäfts mit Mitgliedsländern der EG auf jeweils 10% des Kommunalkreditbestandes jedes einzelnen Instituts ist für die Hypothekenbanken unbefriedigend. Sie hatten einen Satz von 25-30% erwartet. Durch Rechtsverordnung kann allerdings nach § 5 Abs. 2 HBG der gesetzlich zugelassene Vomhundertsatz bis zu 25 heraufgesetzt werden, „wenn und insoweit dies auf Grund eines allgemeinen Abbaus der Beschränkung des Kapitalverkehrs zwischen den Mitgliedstaaten der Europäischen Gemeinschaften geboten erscheint." Wann und unter welchen Voraussetzungen dies der Fall sein wird, ist im Gesetzestext nicht bestimmt. Der Bericht des Finanzausschusses zur HBG-Novelle 1974[82]) geht davon aus, daß die Bundesregierung von ihrer Ermächtigung, die gesetzliche Höchstgrenze für die Vergabe von Kommunalkrediten an andere EG-Staaten zu erhöhen, nur dann Gebrauch macht, „wenn die Gegenseitigkeit gewährleistet ist." Da die derzeitige quantitative Begrenzung „nach Maßgabe der Liberalisierung des europäischen Kapitalmarktes" erweitert werden kann, dient ein ordnungspolitisches Gesetz, wie es das HBG nun einmal ist, systemwidrig auch als Instrument der Währungs- und Wirtschaftspolitik.

Ausgehend von der Überlegung, daß das Schwergewicht einer künftigen Auslandstätigkeit der Hypothekenbanken im europäischen Bereich liegen wird, sah die HBG-Novelle 1974 davon ab, Einrichtungen im zwischenstaatlichen Bereich, die außerhalb des Rahmens der Europäischen

Integration liegende Aufgaben zu erfüllen haben, wie z.B. für die *EFTA*-Staaten, zu kommunaldarlehensfähigen Partnern der Hypothekenbanken zu erklären. Kommunaldarlehen an Länder außerhalb der EG dürfen nur gewährt werden, sofern diese durch besondere bilaterale, durch die gesetzgebenden Körperschaften in der Form eines Bundesgesetzes zu ratifizierende zwischenstaatliche Vereinbarungen für diese Geschäfte den Mitgliedstaaten der EG gleichgestellt sind (§ 5 Abs. 2 HBG); nach der Gesetzesbegründung wird ein solcher Vertrag „insbesondere auch den freien, unbehinderten Transfer von Zins- und Tilgungsleistungen durch den Empfangsstaat sicherstellen müssen." Eine solche Regelung erscheint allerdings angesichts der kreditwirtschaftlichen Wirklichkeit, zeitlich terminierte Kreditentscheidungen treffen zu müssen, kaum praktikabel.

4. Ausländer im Inland

Zu unterscheiden von dem bisher behandelten grenzüberschreitenden Kreditgeschäft ist die hypothekarische Beleihung von Inlandsgrundstücken im Eigentum von Ausländern und Gebietsfremden. Auch insoweit gilt der Grundsatz, daß deckungsfähige Darlehen nur in Deutscher Mark gewährt werden dürfen. Bei der Darlehensgewährung sind nach Art. VIII, Abschnitt 2 b, Satz 1 des Abkommens von Bretton Woods (BGBl. II 1952 S. 637 ff.) auch die nationalen, für den ausländischen Darlehensnehmer geltenden devisenrechtlichen Vorschriften, insbesondere über die Rechtswirksamkeit des Darlehensvertrages und die Zulässigkeit des Transfers für den Schuldendienst zu beachten.

V. DAS AKTIVGESCHÄFT

Im vorangegangenen Abschnitt wurden im Rahmen der Darstellung einer sich wandelnden Kreditversorgungsfunktion der Hypothekenbanken die Schwerpunkte der Kreditverwendungszwecke und die Geschäftspartnerstruktur angesprochen. Dabei wurde bereits auf die ordnungspolitische und rechtssystematische Trennung zwischen dem über Pfandbriefe refinanzierten Hypothekar- und dem über Kommunalschuldverschreibungen refinanzierten Kommunalkreditgeschäft in seinem weitesten Sinne hingewiesen. Das hypothekarisch gesicherte Pfandbriefdarlehen (§ 1 Nr. 1 HBG) und das Kommunaldarlehen (§ 1 Nr. 2 HBG) — sei es als unmittelbares Darlehen an irgendeine Stelle der öffentlichen Hand oder an Dritte unter voller öffentlicher Gewährleistung — bilden nach wie vor *rechtlich verschiedenartige*, selbständige Formen des Kreditgeschäfts der Hypothekenbanken. In der kreditwirtschaftlichen Wirklichkeit gehen jedoch beide Geschäftszweige, nunmehr gesetzlich als nahezu *gleichwertige* Hauptgeschäfte geregelt, weitgehend ineinander über und finden (wie vor allem in der Wohnungsbaufinanzierung) in einer Verbindung miteinander zugleich ihre funktionale Ergänzung.

Zur Deckung bestimmte Darlehen dürfen nur in Deutscher Mark gewährt werden. Das Hypothekenbankgesetz (§ 5 Abs. 1 Nr. 1 HBG) schreibt zwar ausdrücklich nur für (Kommunal-)Darlehen an ausländische Staaten vor, daß (zur Ausschaltung eines Währungsrisikos) die Schuldverpflichtung *nur in Deutscher Mark* begründet werden dürfe. Die Begründung zur HBG-Novelle 1974 geht jedoch davon aus, daß dies für hypothekarische Deckungsdarlehen sowie für deckungsfähige Kommunaldarlehen an inländische Körperschaften ohnehin gelte.[83)]

A. Das Hypothekargeschäft

1. Voraussetzungen für einen Hypothekarkredit

a) Beleihungsunterlagen

Anträge auf Gewährung eines an einem bestimmten Grundstück dinglich zu sichernden Darlehens, mit anderen Worten „auf Beleihung eines Grundstücks" können durch den Darlehenssuchenden selbst, über Betreuungsinstitute, Banken oder Makler bei der Hypothekenbank eingereicht werden. Die für die Kreditentscheidung notwendigen sog. *Beleihungsunterlagen* sind bei Kiock aaO., S. 75 f. aufgeführt.

In die von den Hypothekenbanken verwendeten Darlehensprospekte und Antragsformulare sind nach § 16 HBG alle Bestimmungen über die Art der Auszahlung der Darlehen, über Abzüge zugunsten der Bank, über die Höhe und Fälligkeit der Zinsen und die sonst dem Schuldner obliegenden Leistungen, über den Beginn einer Amortisation und über die Kündigung und Rückzahlung aufzunehmen.

b) Wertermittlung

Sofern ein Objekt der Bank beleihungswürdig erscheint, läßt sie dessen Beleihungswert ermitteln. Einige Institute haben eigene Taxatoren, die in einem festen Vertragsverhältnis zu ihnen stehen und sämtliche Grundstücke taxieren, für die Beleihungen bei der Bank nachgesucht werden. Zumeist jedoch ziehen die Banken von der Industrie- und Handelskammer vereidigte Sachverständige zur Erstellung von Schätzungen (Taxen) heran. Die Wertermittlung hat von den Taxatoren auf Grund der Wertermittlungsanweisung der sie beauftragenden Hypothekenbank zu erfolgen. Die die Wertermittlung tragenden Grundsätze wurden im einzelnen in Abschnitt III B 3 behandelt. Hierauf sowie auf die Ausführungen von Kiock (aaO., insbesondere Seiten 19 ff.) wird Bezug genommen.

c) Bedarfsanalysen

Eine zunehmende Bedeutung kommt bei der Beleihungsprüfung im Rahmen der Errechnung des nachhaltigen Ertragswertes den Wohnungsbedarfsanalysen für die zu beleihenden Bauvorhaben zu. Sobald sich insbesondere auf regionalen oder sektoralen Teilmärkten der Wohnungswirtschaft (z.B. bei Eigentumswohnungen oder freifinanzierten Mietwohnungen) Sättigungserscheinungen und eine Abflachung der kaufkräftigen Nachfrage abzeichnen, wird die Beleihungsprüfung auch auf die Auswahl des Standorts und die Ausstattung der Beleihungsobjekte ausgedehnt werden müssen und die effektive Nachfragesituation zu berücksichtigen haben. Gemeinden und Großbauträger der unternehmerischen Wohnungswirtschaft lassen bereits — in Erkenntnis der Bedeutung der wohnungswirtschaftlichen Marktforschung — detaillierte Bedarfsanalysen erstellen, die sie zur Grundlage ihrer Bauplanung machen. Die so gewonnene Transparenz der wohnungswirtschaftlichen Teilmärkte kann auch die Beleihungsentscheidungen der Hypothekenbanken beeinflussen. Diese können gegebenenfalls durch Versagung der bei ihnen beantragten Finanzierungsmittel eine Mitwirkung an der Durchführung fehlerhafter Bauentscheidungen in einem sehr frühen Zeitpunkt ausschließen. Sie tragen dann in ihrem Geschäftsbereich dazu bei, daß nicht über den Bedarf hinaus oder am Bedarf vorbei gebaut wird und daß leerstehende Wohnungen nicht zu „Haldenbildungen" und damit schließlich zu gefährlichen Bonitätsrisiken führen.

2. Darlehensbedingungen

Gemäß § 15 HBG sind die *Grundzüge der Bedingungen* für die hypothekarischen Darlehen von der Hypothekenbank festzustellen; die Grundzüge bedürfen der Genehmigung der Aufsichtsbehörde. In den Bedingungen ist namentlich zu bestimmen, welche Nachteile den Schuldner bei nicht rechtzeitiger Zahlung treffen sowie unter welchen Voraussetzungen die Bank befugt ist, die vorzeitige Rückzahlung der Hypothek zu verlangen.

Da ein Darlehen ein Realvertrag ist, werden dessen schuldrechtliche Bedingungen in einem Darlehensvorvertrag festgelegt. Für dessen Abschluß bedienen sich die Hypothekenbanken zweier Systeme, die als *Angebots-* oder als *Zusageverfahren* bezeichnet werden können. Im ersteren Fall macht die Hypothekenbank nach Prüfung der Beleihungsunterlagen ein meist *formularmäßiges Angebot*, das alle Darlehensbedingungen enthält; die Annahme dieses Angebots, von der das Zustandekommen eines Darlehensvorvertrages abhängt, erfolgt durch den künftigen Darlehensnehmer. Im anderen Fall stellt der Darlehensnehmer einen durch die Bank vorbereiteten, zumeist auch formularmäßigen Antrag; dieser wird von der Hypothekenbank im Wege einer *rechtsverbindlichen Darlehenszusage* angenommen. Bei diesem Verfahren kann die Bank vor Annahme des Darlehensantrages die Darlehensvoraussetzungen noch einmal prüfen und z.B. bei veränderten Refinanzierungsmöglichkeiten die in Aussicht genommenen Konditionen gegebenenfalls ändern.

Die Darlehensbedingungen im einzelnen werden in einer vom Darlehensnehmer zu unterzeichnenden *Schuldurkunde* festgelegt. Die meisten Hypothekenbanken bedienen sich der vom Verband privater Hypothekenbanken im Jahre 1961 erarbeiteten, im Jahre 1970 an das Beurkundungsgesetz angepaßten, insbesondere mit dem Bundeskartellamt und der Bundesnotarkammer abgestimmten und auch dem Bundesjustizministerium und dem Bundesaufsichtsamt für das Kreditwesen vorgelegten *Musterschuldurkunde*.[84] Diese berücksichtigt die zwingenden gesetzlichen Bestimmungen des HBG und des BGB, läßt jedoch den Instituten für geschäftspolitische Sonderregelungen den erforderlichen *Freiheitsspielraum*.

a) Normative Bestimmungsfaktoren

Das Hypothekenbankgesetz enthält vor allem in den §§ 18-21 *zwingende, in die Vertragsfreiheit eingreifende Bestimmungen* für die Ausgestaltung der Verträge über Deckungsdarlehen. So ist dem Darlehensschuldner das *Recht* einzuräumen, die Hypothek ganz oder teilweise *zu kündigen* und zurückzuzahlen; dies Recht darf nur bis zu einem

Zeitraum von zehn Jahren ausgeschlossen werden (§ 18 HBG). Diesem zehnjährigen Kündigungsausschluß für den Darlehensschuldner entspricht die Bestimmung des § 8 Abs. 2 Satz 2 HBG, wonach die Hypothekenbanken auf das Recht zur Rückzahlung ihrer Pfandbriefe höchstens für zehn Jahre verzichten dürfen (vgl. III. B 2 und IV. B 1). § 21 HBG gestattet jedoch den Hypothekenbanken zur Vermeidung der Erstellung neuer Tilgungspläne und damit zum Zwecke der Arbeitsentlastung über das in § 18 HBG zugelassene zehnjährige Rückzahlungsverbot hinaus *Teilrückzahlungen* von Kleinbeträgen auszuschließen und das Recht des Schuldners zu Teilrückzahlungen der Höhe nach und dem jeweiligen Tilgungsplan angepaßt einzuschränken.

Nach § 247 BGB darf ein Schuldner grundsätzlich unter Einhaltung bestimmter Fristen ein Darlehen kündigen, wenn für dieses ein höherer Zinssatz als 6% p.a. vereinbart ist. Dieses *Kündigungsrecht* wird von den Hypothekenbanken, deren Darlehen seit Jahren fast ausnahmslos mit Zinssätzen über 6% ausgestattet sind, auf Grund von § 247 Abs. 2 Satz 2 BGB für die Zeit vertraglich *ausgeschlossen, während* der ihre *Darlehen zur Deckung für ausgegebene Pfandbriefe* gehören. *Für* die bei den Hypothekenbanken überwiegend gebräuchlichen *Tilgungshypotheken darf ein Kündigungsrecht* nicht, auch *nicht zum Zwecke der Änderung des Zinssatzes* vereinbart werden (§ 19 HBG). Diese zwingende Vorschrift findet ihre Entsprechung in dem Ausschluß des Kündigungsrechts der Pfandbriefgläubiger gemäß § 8 Abs. 2 Satz 1 HBG (vgl. VI. B 1); sie hat der Pfandbriefhypothek gegenüber den zinsvariablen Hypotheken anderer Institute, insbesondere der Sparkassen, in Zeiten steigender Kapitalzinsen Wettbewerbsvorteile verschafft. Durch das grundsätzliche Kündigungsverbot des § 19 HBG wird die Vereinbarung eines *außerordentlichen Kündigungsrechts* nicht berührt; dieses soll insbesondere der Sicherheit der Deckungsmassen dienen und wird z.B. für den Fall einer die Hypothekenforderung gefährdenden Verschlechterung des Grundstücks (§§ 1133, 1135 HBG), eines unwirtschaftlichen Verhaltens des Besitzers, aber auch des Vorliegens besonderer im Verhalten des Schuldners liegender Gründe usw. vereinbart (vgl. die einzelnen Kündigungstatbestände der Musterschuldurkunde).

Der Tilgungsbeginn darf bei den zur Deckung bestimmten Tilgungshypotheken nur für einen zehn Jahre nicht übersteigenden Zeitraum hinausgeschoben werden (§ 20 HBG). Von dieser Möglichkeit der Tilgungsaussetzung machen die Hypothekenbanken insbesondere dann Gebrauch, wenn sie zum Ausgleich ihrer Geldbeschaffungskosten die Darlehensauszahlungskurse herabsetzen und diese Auszahlungsdamnen durch sog. *Tilgungsstreckungsdarlehen* (vgl. Ziff. 3) erhöhen. Die gesetzliche Regelung der Dauer von Tilgungsaussetzungen dient in erster Linie dem Schutz der Hypothekenschuldner. Nach § 20 Abs. 3 HBG kann nunmehr die Aufsichtsbehörde für den Einzelfall oder für Gruppen gleichgelagerter Fälle zulassen, daß der Beginn der Tilgung für einen längeren als den zehnjährigen Zeitraum hinausgeschoben wird. Voraussetzung hierfür ist jedoch, daß diese Terminverlängerung wegen sonstiger, mit der Darlehensgewährung in Zusammenhang stehender Verbindlichkeiten des Schuldners (z.B. bei Finanzierungen aus einer Hand ober bei mit Lebensversicherung gekoppelten Darlehen) und unter Berücksichtigung der Beschaffenheit des beliehenen Grundstücks gerechtfertigt erscheint.

Die dargestellten normativen Bestimmungsfaktoren für Hypothekendarlehen sind nach der Systematik des Hypothekenbankgesetzes nur insoweit gerechtfertigt, als eine Beziehung zwischen der hypothekarischen Beleihung und dem eigentlichen Geschäft der Hypothekenbanken, d.h. der Verwendung von Hypotheken als Deckung für Pfandbriefe besteht. Der durch die HBG-Novelle 1974 eingefügte § 21a gestattet daher für hypothekarisch gesicherte Darlehen, die *nicht* als *Deckung* für Pfandbriefe (oder bei sog. Ib-Hypotheken für Kommunalschuldverschreibungen) verwendet werden, *Abweichungen* von den §§ 14-21 HBG; damit sind insoweit normativ unbeeinflußte Vertragsvereinbarungen, z.B. für die Bestimmungen über das Kündigungsrecht des Schuldners und der Bank sowie für die Zulässigkeit einer Tilgungsaussetzung möglich.

b) Vertragsfreiheit für Konditionsgestaltung

Die Darlehenskonditionen der Hypothekenbanken, vor allem Zinssatz, Tilgungshöhe, Zahlungstermine, Säumnisfolgen, außerordentliches Kündigungsrecht sind *Gegenstand der freien Vertragsgestaltung*. Sie richten sich nach den von der jeweiligen Lage am Rentenmarkt abhängigen Laufzeiten, Zinssätzen und Nettoabgabekursen. Der *Darlehensnominalzins* liegt im Hypothekargeschäft je nach Refinanzierungsmöglichkeit und Beleihungsobjekt *über* dem Nominalzins, der Auszahlungskurs *unter* dem Abgabesatz der zur Refinanzierung der Darlehen verkauften Schuldverschreibungen. Er ist *für* die *gesamte Laufzeit* des hypothekarisch gesicherten Darlehens *konstant* und kann auch bei Erhöhung des Kapitalzinses am Rentenmarkt, des Spareckzinses oder auch des Diskontsatzes nicht vom darlehensgewährenden Pfandbriefinstitut, d.h. nicht einseitig, z.B. durch Kündigung zum Zwecke der Zinsheraufsetzung erhöht werden. *Zinsgleitklauseln* sind *ausgeschlossen*. Da der Rentenmarkt seit 1967 für Schuldverschreibungen mit 25-30jährigen Laufzeiten nicht mehr aufnahmefähig war, mußten die Hypothekenbanken ihre Darlehenslaufzeiten an den kürzeren Fristen ihrer Refinanzierungsmöglichkeiten orientieren. Die Wohnungswirtschaft benötigt langfristige Kredite; denn sie muß ihre Mieten langfristig kalkulieren können, zumal spätere Kapitalkostenerhöhungen von ihr nach dem Kündigungsschutzgesetz vom 25.11. 1971[85] — zumindest bis Ende 1974 — nicht im Wege von Mieterhöhungen auf die Mieter abgewälzt werden können. Die Hypothekenbanken gingen daher bei bonitätsmäßig einwandfreien Kunden zu sog. *Abschnittsfinanzierungen* mit zeitlich abgekürzten Darlehenslaufzeiten und zu entsprechend befristeten Zinsvereinbarungen über; auf Grund einer Umschuldungs- und Prolongationsabrede sagen sie nach Ablauf dieser (Teil-)Laufzeit die Vereinbarung eines neuen, wiederum festen, an die Marktlage angepaßten Zinssatzes zu (periodische Konditionenanpassung). Die vertragliche Darlehenslaufzeit, die bei der früher üblichen jährlichen Tilgung von 1% je nach Nominalzins zwischen 28-32 Jahren lag, verkürzte sich entsprechend den Refinanzierungsmöglichkeiten rentenmarktbedingt laufend; sie betrug 1973 unbeschadet der tatsächlichen Endlaufzeit, in der Regel etwa zehn, seit 1974 oft auch weniger Jahre.

3. Tilgungsstreckungsdarlehen

Der Darlehensauszahlungskurs kann je nach Marktlage bis zu zehn Punkten, in Extremfällen noch weiter unter Pari liegen. Der Unterschied zwischen dem Nominalbetrag des Hypothekendarlehens und dem tatsächlichen Auszahlungsbetrag wird als *Hypothekendamnum* (häufig terminologisch *unrichtig* Hypotheken-*„Disagio"* genannt) bezeichnet. Dieses setzt sich im Geschäft der Hypothekenbanken rechnerisch aus dem Disagio der zur Refinanzierung dienenden Schuldverschreibungen zuzüglich der sog. *Einmalmarge* des darlehensgewährenden Pfandbriefinstituts zusammen. Es ist in seiner Höhe mithin kapitalmarktabhängig, richtet sich also primär nach dem Nettoabgabekurs der zur Refinanzierung des jeweiligen Darlehens benutzten Schuldverschreibungen. Betriebswirtschaftlich und rechtlich wird es als zusätzlicher, *vorweg empfangener Zins* betrachtet.[86] Rückläufige Verkaufskurse am Rentenmarkt wirken sich im Hinblick auf die Abhängigkeit des Hypothekendamnums vom Schuldverschreibungs-Disagio kostensteigernd bzw. preiserhöhend und damit auf den Effektivzins aus. Wenn der Bauherr zur Finanzierung seines Vorhabens geldrechnungsmäßig auf die bei der Valutierung abgezogenen *Geldbeschaffungskosten* (Hypothekendamnum) nicht verzichten kann, erhöhen die Hypothekenbanken auf dahingehenden Wunsch den Grundauszahlungssatz des Hypothekendarlehens durch die Gewährung eines *Zusatzdarlehens*. Die vom Schuldner vertraglich zu leistenden Tilgungsbeträge werden dann in den ersten Jahren nicht zur Tilgung des Hauptdarlehens, sondern zur Rückzahlung dieses Zusatzdarlehens, d.h. zum Ausgleich für den bewilligten höheren Auszahlungskurs verwendet. Da die Tilgung des Zusatzdarlehens nach wohl allgemeiner Übung zeitlich vor (nur ausnahmsweise neben) dem Hypothekendarlehen erfolgt und damit Beginn und Ende der Tilgung des Hauptdarlehens zeitlich hinausschiebt, also zeitlich „streckt", wird es als *Tilgungsstreckungsdarlehen* bezeichnet. Im Grundbuch wird es meist als Nebenleistung zum Hauptdarlehen ohne Angabe eines bestimmten Zinssatzes eingetragen, da die Eintragung einer Nebenleistung zu einer Nebenleistung i.S. von § 1115 Abs. 1 BGB[87]) rechtlich unzulässig sein dürfte. Seine marktorientierte Verzinsung erfolgt entweder durch einen zinsstaffelweise für die Dauer seiner Laufzeit berechneten Vorwegabzug im Zeitpunkt der Darlehensauszahlung oder durch an seine Tilgung angehängte Leistungen. Die Höhe seiner jährlichen Tilgung orientiert sich an der im Einzelprojekt liegenden wirtschaftlichen Tragbarkeit, liegt jedoch meist höher als die jährliche Darlehenstilgung.

4. Bereitstellungsgebühren

Die Hypothekenbanken pflegen sich das für von ihnen zugesagte Darlehen notwendige Kapital bereits im unmittelbaren zeitlichen Anschluß an die Darlehenszusage auf dem Kapitalmarkt durch Verkauf ihrer Schuldverschreibungen zu beschaffen. Denn bei den am Kapitalmarkt üblichen Kurs- und Zinsschwankungen begründet ein zeitliches Auseinanderklaffen zwischen Darlehenszusage (zu festen Konditionen) und Refinanzierung (zu möglicherweise verschlechterten Konditionen) ein rentabilitätsmäßig unvertretbares Risiko. Die Verzinsung der zur Refinanzierung der Darlehen verkauften Schuldverschreibungen beginnt bereits im Zeitpunkt ihres Verkaufs, der zumeist lange vor dem Darlehensauszahlungstag liegt. Die Hypothekenbanken können in der Regel die von ihnen aufgenommenen Gelder zwar kurzfristig anlegen, der dafür erzielte Zwischenanlagezins deckt aber im allgemeinen — von Hochzinsphasen abgesehen — nicht den Zinssatz der zur Darlehensfinanzierung ausgegebenen Schuldverschreibungen. Zum teilweisen Ausgleich dieses Zinsunterschiedes werden den Darlehensnehmern Bereitstellungsgebühren — meist für die Zeit vom Tage der endgültigen Darlehenszusage ab bis zum Tage der jeweiligen Darlehensauszahlung — in Rechnung gestellt.

5. Hypothek und Grundschuld als Sicherungsformen

Während das Kommunalkreditgeschäft seine Bezeichnung vom Vertragspartner her erhalten hat, kennzeichnet das Hypothekargeschäft begrifflich eine dingliche Sicherungsform für ein Darlehen i.S. der §§ 607-610 BGB. Nach § 28 GBO i.V. mit § 1 des Währungsgesetzes vom 20.6.1948 können nur *auf Deutsche Mark* lautende Hypotheken und Grundschulden *in das Grundbuch eingetragen werden;* sofern eine Eintragung in Deutscher Mark rechtlich oder tatsächlich nicht möglich ist, kann die vorgeschriebene dingliche Sicherung zugunsten der Hypothekenbank nicht erfolgen. Die Hypothek sichert nach § 1113 BGB eine persönliche Forderung gegen den Grundstückseigentümer oder einen Dritten. Nach § 40 Abs. 1 HBG stehen den Hypotheken i.S. des Hypothekenbankgesetzes die Grundschulden als Sicherungsformen gleich. Die *Hypothek* ist eine Belastung, auf Grund deren eine bestimmte Geldsumme aus dem Grundstück zur Befriedigung einer bestimmten Forderung zu zahlen ist; demgegenüber ist bei der *Grundschuld* die Haftung auf die Zahlung einer Geldsumme *abstrakt,* d.h. — im Gegensatz zur Hypothek — unabhängig vom tatsächlichen Bestehen einer Forderung.

Die Darlehensabsicherung durch Grundschulden hat u.a. folgende Vorzüge: Die mit den verschiedenartigen Nebenleistungen zusammenhängenden Rechtsprobleme entfallen, wenn der Zinssatz der Grundschuld so hoch bemessen wird, daß er nicht nur den Darlehenszinssatz, sondern auch alle sonstigen Nebenleistungen umfaßt. Durch eine weitgefaßte Zweckbestimmungserklärung können bei der Grundschuld alle Ansprüche, die durch eine Hypothek nicht dinglich gesichert sind (wie z.B. Bereitstellungsgebühren, Schätzungskosten, Rücktrittsentschädigung, verauslagte Versicherungsprämien, Mahngebühren und Schadenersatzansprüche) abgesichert werden. Ein weiterer Vorzug der Grundschuld ist, daß sich die Sicherung von Darlehen mit Zinsanpassungsklauseln leichter erreichen läßt. Die Unabhängigkeit der Grundschuld von einer Forderung ermöglicht schließlich auch die Sicherung von Ansprüchen verschiedener Gläubiger; sie bietet sich daher als *Kreditsicherungsmittel bei Konsortialbeleihungen* und bei den meisten

Finanzierungsmodellen aus einer Hand an.

Diesen Vorzügen stehen u.a. folgende Nachteile gegenüber: In der Zwangsversteigerung erleidet der Gläubiger der Grundschuld im Gegensatz zu dem Gläubiger einer Tilgungshypothek den Nachteil, daß er nur Zinsen, nicht aber auch Tilgungsbeträge, d.h. nicht die gesamte planmäßige Annuität erhält. Die Interessen der nachrangigen Gläubiger werden dadurch beeinträchtigt, daß bei der üblichen, jederzeit fälligen Grundschuld die Eintragung von Löschungsvormerkungen das gewünschte Aufrücken im Rang nicht ermöglicht, wenn die Tilgungen nicht auf die Grundschuld, sondern auf das Darlehen geleistet werden. Die Beachtung von Anzeigen über die Abtretung des Rückgewähranspruches ist für den Grundschuldgläubiger lästig und mit einem zusätzlichen Arbeitsaufwand sowie mit Regreßgefahren verbunden. Da die Absicherung erststelliger Darlehen durch Hypotheken für den nachrangigen Gläubiger unproblematischer ist, schreiben die *Wohnungsbauförderungsbestimmungen der Bundesländer* vor, daß Darlehen, die im Range vor öffentlichen Baudarlehen oder landesverbürgten Darlehen gesichert werden, *in der Regel durch Hypotheken* zu sichern sind. Der Verband privater Hypothekenbanken vertritt daher die Ansicht, daß die Hypothek im langfristigen Kreditgeschäft der Hypothekenbanken zur Finanzierung des Wohnungsbaus unverzichtbar erscheint.

Bis zum Inkrafttreten der HBG-Novelle 1974 waren Beleihungen der Regel nach nur zur ersten Rangstelle zulässig. Diese Begrenzung wurde aufgehoben, da sich der Wert einer dinglich gesicherten Forderung weniger nach der Rangstelle ihrer Sicherung im Grundbuch als nach dem Grad der Ausschöpfung des Grundstückswertes durch die belastenden Grundpfandrechte richtet. Auch nach Wegfall des bisherigen § 11 Abs. 1 HBG gilt jedoch nach der Begründung der Novelle, daß nach den allgemeinen Grundsätzen des Hypothekenbankrechts vorgehende Rechte nur in Kauf genommen werden dürfen, wenn sie nach ihrem Umfang und den sonstigen Umständen in keinem Zeitpunkt die Sicherheit und Verwertbarkeit der Deckungshypothek wesentlich beeinträchtigen oder zu einer Überschreitung der Beleihungsgrenze führen (vgl. III. B 3).

B. Das Kommunalkreditgeschäft

1. Begriffsbestimmung und Geschäftspartnerstruktur

Unter Kommunalkrediten werden gemäß § 1 Nr. 2 HBG sowohl (reine) Darlehen an inländische Körperschaften und Anstalten des öffentlichen Rechts als auch Darlehen unter deren voller Gewährleistung an Dritte verstanden. Durch die Legaldefinition des Kommunaldarlehens im Hypothekenbankgesetz wird der Kreis der Geschäftspartner nicht auf Gemeinden (Kommunen) und Gemeinde-(Kommunal-)Verbände begrenzt, sondern die Kreditgewährung an alle im Gesetz lediglich nach ihrem Rechtsstatus aufgeführten juristischen Personen des öffentlichen Rechts sowie unter deren Gewährleistung auch an andere (z.B. private und ausländische) Kreditnehmer schlechthin zugelassen. Mit fortschreitender Erweiterung der finanz-, wirtschafts- und strukturpolitischen Aufgabenstellungen der öffentlichen Hand und damit auch der Geschäftspartnerstruktur wurde die gesetzliche Begriffsbestimmung des noch immer als Kommunalkredit bezeichneten Geschäftszweiges der Hypothekenbanken terminologisch zu eng, aber gleichwohl beibehalten.

Bei Inkrafttreten des Hypothekenbankgesetzes war die Gewährung von Kommunaldarlehen nur an inländische Körperschaften des öffentlichen Rechts zulässig, Vor allem die Aufsichtsbehörden legten den Begriff *Körperschaft des öffentlichen Rechts,* insbesondere für die Frage der Deckungsfähigkeit der Darlehen zunächst eng aus; für die Kommunalkreditfähigkeit forderte man u.a. einen gesicherten Mitgliederbestand, das Recht zur Erhebung von Steuern, Umlagen oder Beiträgen und zu deren außergerichtlicher Beitreibung durch Verwaltungsakt, weil man offenbar nur bei Vorliegen dieser Kriterien die erforderliche Sicherheit der Darlehen als gegeben ansah. Im Laufe der Zeit setzte sich die von kreditwirtschaftlichen Überlegungen getragene Auffassung durch,[88] daß diese Merkmale für sich allein ebensowenig eine absolute Gewähr für die Finanzkraft juristischer Personen des öffentlichen Rechts schaffen wie ihr Fehlen zwangsläufig einen Mangel an Bonität bedeutet. Wäre die restriktive Auslegung beibehalten worden, so würden insbesondere von Bundesbahn, Bundespost, ERP-Sondervermögen und Lastenausgleichsfonds, die im Laufe der Jahre zu besonders wichtigen Darlehensnehmern der Hypothekenbanken geworden sind, die früheren strengen Anforderungen an die Kommunaldarlehensfähigkeit nicht erfüllt.

Dagegen können an Gesellschaften des Privatrechts, z.B. an Versorgungsunternehmen (Strom- und Wasserversorgung) auch dann keine Kommunalkredite, sondern lediglich Hypothekarkredite gewährt werden, wenn sich das Kapital in voller Höhe im Besitz einer Körperschaft des öffentlichen Rechts befindet. Nur wenn für Darlehen an solche Unternehmen volle Gewährleistungen (Bürgschaften) durch die öffentlich-rechtlichen Körperschaften übernommen werden, handelt es sich um Kommunalkredite i. S. von § 1 Nr. 2 HBG.

Die frühere Beschränkung der Kreditgewährung auf inländische Körperschaften des öffentlichen Rechts wurde bereits durch die *Gleichstellung supranationaler europäischer Institutionen* (Montanunion, Atomgemeinschaft und Europäische Investitionsbank) durchbrochen. Auf Grund der HBG-Novelle 1974 sind nunmehr auch die *Mitgliedsländer der Europäischen Gemeinschaften* kommunaldarlehensfähig (Einzelheiten des Auslandsgeschäfts unter IV. B 3).

2. Reine Kommunaldarlehen

a) Formelle Voraussetzungen

Die auch im Kommunalkreditgeschäft notwendige Kreditprüfung betrifft zunächst das Vorliegen bestimmter *formaler Voraussetzungen*. Der Haushalt des öffentlich-rechtlichen Darlehensnehmers muß eine entsprechende Kreditaufnahmeermächtigung enthalten; die Zustimmung der zuständigen Beschlußgremien zur Kreditaufnahme hat vorzuliegen und ist nachzuweisen. Im Darlehensgeschäft mit Gemeinden und Gemeindeverbänden bedarf es der nach den Landesgesetzen (Gemeindeordnungen) notwendigen Genehmigung durch die *Kommunalaufsichtsbehörde*. Diese erteilt die Genehmigung nur bei einer ordnungsgemäßen Haushaltswirtschaft und prüft insbesondere, ob die Kreditverpflichtungen der kreditaufnahmewilligen Gemeinde mit ihrer dauernden Leistungsfähigkeit in Einklang stehen. Die Genehmigung wird nach den Gemeindeordnungen der Länder entweder für jede (Einzel-)Darlehensaufnahme oder durch eine *Gesamtgenehmigung* im Rahmen der Haushaltssatzung erteilt. Die Hypothekenbanken haben daher auf Grund der jeweils geltenden Rechtslage zu prüfen, ob das bei ihnen beantragte Darlehen im Einzelfall der Genehmigung bedarf oder ob die Darlehensaufnahme bereits auf Grund der jeweiligen Haushaltspläne oder -satzungen zulässig ist. Eine Einzelgenehmigung ist beispielsweise erforderlich, wenn die Bundesregierung (wie im Jahre 1973) gemäß §§ 19 20 StabG[89]) im Verordnungswege Kreditaufnahmen des Bundes, der Länder und Gemeinden der Höhe nach durch Erlaß einer sog. *Schuldendeckelverordnung* begrenzt. Nach § 16 Abs. 2 StabG haben die Länder zur Erhaltung des gesamtwirtschaftlichen Gleichgewichts die Möglichkeit, die Aufnahme von der Genehmigung der Aufsichtsbehörde im Einzelfall abhängig zu machen.

Die Aufsichtsbehörde übernimmt durch ihre Genehmigung zur Darlehensaufnahme *keine* irgendwie geartete *Bonitätsgarantie* und enthebt die Hypothekenbanken daher nicht ihrer Verpflichtung zur Kreditprüfung. Das *Nichtvorhandensein* einer *Genehmigung begründet nach den* Gemeindeordnungen der Länder — soweit ersichtlich — *keine Nichtigkeit* eines einmal gewährten Darlehens, sondern lediglich eine schwebende und daher rechtlich heilbare Unwirksamkeit. Die Hypothekenbanken zahlen daher in besonderen Fällen auch bereits vor Erteilung der Genehmigung der Aufsichtsbehörde die Darlehensvaluta auf Grund von *Interimsquittungen aus;* wird die aufsichtsrechtliche Genehmigung endgültig versagt, wird das Darlehen nebst Zinsen und Nebenleistungen zur sofortigen Rückzahlung fällig.

b) Kreditprüfung

Die *materielle Kreditprüfung* der Hypothekenbanken wird sodann darauf abgestellt sein, ob insbesondere Steuerkraft und Vermögen einer Gemeinde die ordnungsgemäße Bedienung des beantragten Darlehens, vor allem dessen termingerechte Rückzahlung als gesichert erscheinen lassen. Zu diesem Zweck wird sich die Hypothekenbank die letztjährigen Haushaltspläne vorlegen lassen. Diese werden insbesondere hinsichtlich des Umfanges des bisherigen Schuldendienstes und der Möglichkeit seiner Deckung geprüft; insoweit spielt auch das Verhältnis zwischen der Höhe des Schuldendienstes und den allgemeinen Deckungsmitteln bzw. zu den allgemeinen Deckungsmitteln oder zu den durchschnittlichen Reineinnahmen in den letzten Haushaltsjahren eine Rolle. Eine Gegenüberstellung der jährlichen Schuldendienstaufwendungen zu dem durchschnittlich zu erwartenden jährlichen Ausgabenbedarf kann ebenso wie die Pro-Kopf-Verschuldung der Bevölkerung (Siedlungsdichte) und die Schuldenentwicklung der letzten Jahre im Verhältnis zum jeweiligen Steueraufkommen ein Kriterium für die Kreditprüfung sein. Diese konventionellen Kriterien für die Kreditprüfung haben jedoch bei wachsender Verschuldung nur noch einen bedingten Aussagewert und vermögen häufig nur temporäre und begrenzt gültige Anhaltspunkte für die Kreditentscheidungen zu geben. Bei (inflationär) aufgeblähten Ausgaben und bei strukturellen Fehlentwicklungen der Gemeindefinanzen werden die Institute daher nicht selten überfordert, wenn von ihnen erwartet wird, die jederzeitige Zahlungsfähigkeit und damit die Kreditwürdigkeit der kreditsuchenden Gemeinden von vornherein zu unterstellen.

c) Darlehensvertrag — Schuldschein

Auch im Kommunalkreditgeschäft bedarf es eines rechtswirksamen, zumeist auf den Einzelfall abgestellten Darlehensvertrages oder Schuldscheins. Einen der Musterschuldurkunde im Hypothekargeschäft vergleichbaren Musterschuldvertrag gibt es im Hypothekenbankgewerbe nicht.
Die im Kommunalkreditgeschäft in den letzten Jahren an Bedeutung gewachsenen sog. Schuldscheindarlehen der öffentlichen Hand haben wesentliche Vereinfachungen in der Abwicklung der Kreditgewährung geschaffen. Sie werden

meist in Teilbeträgen einer Gesamtkreditaufnahme von der kreditnehmenden Stelle „verkauft" und vorwiegend unter Banken „gehandelt". Neben den Anleihen gehören sie zum Finanzierungsinstrumentarium der öffentlichen Hand. Ihre Fungibilität ist zumeist auf zwei Abtretungen beschränkt (vgl. III. B 3).

Vor Darlehensauszahlung wird schließlich auf das Vorhandensein rechtswirksamer Unterschriften der für öffentlich-rechtliche Darlehensnehmer Vertretungsberechtigten, bei den Ländern der Landesschuldenverwaltung und beim Bund der Bundesschuldenverwaltung sowie etwaiger vorgeschriebener Dienstsiegel zu achten sein.

d) Keine Absicherung

Für reine Kommunalkredite werden *Sicherheiten,* insbesondere dingliche Sicherheiten *nicht bestellt;* sie sind daher ungesicherte Personalkredite. Daraus folgt, daß im Kommunalkreditgeschäft keine dingliche Rangfolge wie im Hypothekargeschäft besteht. Anders als in der Wohnungsbaufinanzierung gibt es *keine rechtlich geschützte Rangordnung;* der Schuldendienst für früher aufgenommene Kommunaldarlehen genießt gegenüber später begründeten Schuldverpflichtungen keine rechtlichen Prioritäten.

Kommunalkredite sind seit Ende des Zweiten Weltkrieges — soweit feststellbar — nicht notleidend geworden. Die Hypothekenbanken gehen von der Erwartung aus, daß die öffentliche Hand bei eintretenden Zahlungsschwierigkeiten Möglichkeiten einer Sanierung finden wird, wenn sie ihr Kreditstanding für die Zukunft nicht verlieren will. Sie erinnern sich insoweit noch der Gemeindeumschuldungsanleihe von 1933. Als in der Wirtschaftskrise der dreißiger Jahre Gemeinden infolge sinkender Steuereingänge und steigender Soziallasten mit teilweise erheblichen Zins- und Tilgungsbeträgen rückständig waren, wurden die fälligen Verbindlichkeiten durch das Gemeindeumschuldungsgesetz vom 21.9.1933[90]) aufgefangen. Jede Gemeinde konnte dem Umschuldungsverband deutscher Gemeinden, einer Körperschaft des öffentlichen Rechts, beitreten und ihren Gläubigern, d.h. auch den Hypothekenbanken, die Umwandlung ihrer höher verzinslichen Forderungen in mit

4% p.a. verzinsliche, mindestens 20 Jahre laufende, tilgbare Schuldverschreibungen des Umschuldungsverbandes anbieten. Diese Anleihe war in Höhe von rd. 3 Mrd. RM wohl die damals größte Emission. Sofern ein Gläubiger das Angebot auf Umwandlung in diese Schuldverschreibungen ablehnte, galten die Verzugsfolgen kraft Gesetzes als nicht eingetreten.

3. Volle Gewährleistung

a) Eignung als Gewährleistungsträger

Bei sog. *reinen* Kommunaldarlehen ist die öffentliche Hand selbst und unmittelbar Kreditnehmer der Hypothekenbanken. Demgegenüber haftet die öffentlich-rechtliche Körperschaft oder Anstalt bei dem von ihr gewährleisteten Darlehen an Private, das im Hypothekenbankgesetz — rechtlich ungenau — gleichfalls als Kommunaldarlehen bezeichnet und weitgehend ähnlich behandelt wird, lediglich als Garant oder Bürge. Insoweit unterscheiden sich beide Arten der Kommunalkredite rechtssystematisch und in der Rechtsform der Schuldverpflichtung. Als Grundsatz kann gelten: Alle kommunaldarlehensfähigen Körperschaften und Anstalten des öffentlichen Rechts können auch Gewährleistungen i.S. von § 1 Nr. 2 HBG übernehmen und Gewährleistungsträger (Bürgen) sein. Eine Ausnahme von diesem Grundsatz bildete bis zum Inkrafttreten der HBG-Novelle 1974 die Europäische Atomgemeinschaft, die bis dahin nur als Darlehensnehmerin, nicht aber als Bürgin auftreten konnte.

Gewährleistungen, insbesondere Bürgschaften von juristischen Personen des Privatrechts begründen eine Deckungsfähigkeit von Darlehen selbst dann nicht, wenn die öffentliche Hand an solchen Gewährleistungsträgern oder Bürgschaftsstellen überwiegend kapitalmäßig beteiligt ist.

So sind die zumeist in der Rechtsform von Gesellschaften mit beschränkter Haftung für verschiedene Wirtschaftszweige in den Ländern gegründeten Kreditgarantiegemeinschaften ebensowenig kommunalbürgschaftsfähig i.S. des Hypothekenbankgesetzes wie die Bürgschaftsgemeinschaft der Gemeinnützigen Wohnungswirtschaft eGmbH in Köln. Gleichwohl haben derartige Bürgschaften für das Geschäft der Hypothekenbanken insofern eine nicht zu unterschätzende Bedeutung, als sie die Bonität des Kreditengagements verbessern und es den Hypothekenbanken erleichtern, über die normalen Beleihungsgrenzen hinaus langfristige Darlehen aus ihren sog. freien, d.h. nicht deckungspflichtigen Mitteln (Eigenkapital, Einlagen, ungedeckten Schuldverschreibungen und nicht gesicherten Globaldarlehen) zu gewähren.

b) Umfang der Haftung

Voraussetzung für die Kommunaldeckungsfähigkeit von Darlehen ist gemäß § 1 Nr. 2 HBG die Übernahme der *vollen Gewährleistung* durch eine inländische Körperschaft oder Anstalt des öffentlichen Rechts. Unter einer vollen Gewährleistung wird das Einstehen für den vollständigen Anspruch der Hypothekenbank aus dem Darlehensvertrag, d.h. für Kapital, Zinsen und Nebenleistungen verstanden. Gewährleistungen und Bürgschaften mit einem sog. Selbstbehalt zu Lasten des bürgschaftsnehmenden Kreditgebers für das von ihm ausgereichte Darlehen entsprechen dem gesetzlich festgelegten Haftungsumfang nicht. Dagegen ist die rechtliche Ausgestaltung der vollen Gewährleistung unerheblich. Diese kann z.B. in Form einer selbstschuldnerischen, einer (auch zeitlich modifizierten) Ausfallbürgschaft, einer bloßen Garantie oder einer Ausbietungsgarantie usw. übernommen werden.

Einer *dinglichen Sicherung* für kommunalverbürgte Darlehensforderungen *bedarf* es nach dem Hypothekenbankgesetz *nicht;* sie wird aber von öffentlich-rechtlichen Bürgen häufig verlangt. Das gilt insbesondere für die öffentlichen Bürgschaften zur Förderung des Wohnungsbaus sowie der Instandsetzung und Modernisierung von Wohnungsbauten.

c) Bürgschaften im Wohnungsbau

Im *Hypothekenbankgeschäft* haben die bereits in Abschnitt IV. A 1. bei der Darstellung der Kreditversorgungsfunktion

erwähnten öffentlichen Bürgschaften im Rahmen der Finanzierung des öffentlich geförderten sozialen Wohnungsbaus eine besondere Bedeutung. Sie werden für die im erststelligen Beleihungsraum nicht dinglich gesicherten sog. Ib-Hypotheken übernommen und bewirken eine Ausweitung der Finanzierungsmöglichkeiten. Nach Maßgabe der weitgehend vereinheitlichten Bürgschaftsbestimmungen der Länder werden von diesen — zumeist modifizierte — Ausfallbürgschaften grundsätzlich nur für Tilgungsdarlehen außerhalb des erststelligen Beleihungsraumes, d.h. im Hypothekenbankgeschäft zur Sicherung eines die Zweidrittelgrenze des § 11 HBG überschreitenden Darlehens oder Darlehensteils übernommen; die zu verbürgenden Darlehen müssen der Schaffung von Wohnungen durch Neubau, Wiederaufbau zerstörter oder Wiederherstellung beschädigter Gebäude, Ausbau oder Erweiterung bestehender Gebäude oder der Instandsetzung oder Modernisierung von Wohngebäuden dienen. (Hinsichtlich der Voraussetzungen für die Bürgschaftsübernahme vgl. Kiock, aaO, S. 56, 57.)
Eine obere Grenze für die öffentlich verbürgte Hypothek besteht weder nach dem Hypothekenbankgesetz noch nach den Beleihungsrichtlinien der Institute; sie würde auch der Rechtsnatur des Kommunaldarlehens widersprechen. Eine Begrenzung enthalten hingegen die Bürgschaftsbestimmungen der Länder, nach denen das zu verbürgende Darlehen in der Regel innerhalb von 80 v.H. der Gesamtkosten des jeweiligen Bauobjekts liegen soll. Die Landesbürgschaftsstellen (Wohnungsbaukreditanstalten) pflegen nach Prüfung der ihnen eingereichten Unterlagen den darlehensgewährenden Instituten Bürgschaftsvorbescheide auszustellen. Die Auszahlung der verbürgten Darlehen erfolgt jedoch seitens der Hypothekenbanken grundsätzlich erst nach Aushändigung der Bürgschaftsurkunden. Zur Entlastung der Darlehensnehmer von Zinsverpflichtungen aus Zwischenfinanzierungen für die verbürgten Darlehen können auf Grund der Bürgschaftsrichtlinien der Länder im allgemeinen — ähnlich wie bei den erststelligen, unverbürgten Darlehen — nach Baufortschritt (z.B. nach Fertigstellung des Rohbaues, nach Anbringung des Innenputzes und nach Vorlage des Gebrauchsabnahmescheines) ratenweise Auszahlungen erfolgen.

Die *rechtssystematische Doppelnatur* dieser Darlehen kommt dadurch zum Ausdruck, daß sie grundsätzlich durch Hypotheken und darüber hinaus durch die öffentliche Bürgschaft gesichert werden, jedoch im Sinne des Hypothekenbankgesetzes Kommunal-(verbürgte) Darlehen mit zusätzlicher, nach dem HBG nicht erforderlicher, dinglicher Sicherung sind.

4. Kommunalkreditgeschäft als zweites Hauptgeschäft

Die kontinuierliche Steigerung des Gesamtvolumens der in der Terminologie des Hypothekenbankgesetzes als Kommunaldarlehen bezeichneten Geschäfte verschob im Laufe der letzten Jahrzehnte das Verhältnis zwischen Hypothekarkrediten und Kommunaldarlehensgeschäft zugunsten des letzteren; sein Anteil am gesamten Darlehensbestand aller Hypothekenbanken erhöhte sich zum 31.12.1973 auf 41,09%. Die von ihnen zur Refinanzierung des Kommunalkreditgeschäfts begebenen Kommunalschuldverschreibungen beliefen sich zum 31.12.1973 auf insgesamt nom. DM 32,4 Mrd. und machten damit 41,5% des Gesamtschuldverschreibungsumlaufs aus.[91]

Das Kommunalkreditgeschäft in seinem weitesten Sinne, d.h. im reinen wie im verbürgten Bereich glich sich in Verfolg des in den letzten Jahrzehnten stark gestiegenen öffentlichen Kreditbedarfs in seiner kreditwirtschaftlichen Bedeutung sowie quantitativ dem Hypothekargeschäft an. Der Geschäftspartnerkreis erweiterte sich im In- und auf das Ausland. Diesem Strukturwandel trug bereits die HBG-Novelle 1963 durch Einführung einer besonderen Umlaufsgrenze für Kommunalschuldverschreibungen weitgehend Rechnung. Die gesetzliche Anpassung an die kreditwirtschaftliche Wirklichkeit erfolgte erst durch die HBG-Novelle 1974. Der ordnungspolitische Stellenwert des Kommunalkreditgeschäfts wurde vom *Nebengeschäft* zum *zweiten Hauptgeschäft* angehoben (§ 1 Nr. 2 HBG). Der für den Umlauf von Kommunalschuldverschreibungen mitbestimmende Multiplikator wurde von 15 auf 25 erhöht und damit dem neuen für Pfandbriefe geltenden Multiplikator angepaßt. Der nicht ausgenutzte Teil des für Pfandbriefe zugelassenen Umlaufsvolumens darf nunmehr gemäß § 41 Abs. 2 HBG zusätzlich für Kommunalschuldverschreibungen Verwendung finden. Eine reziproke Auswechselung des freien Umlaufsgrenzenspielraums zugunsten des Pfandbriefgeschäfts ist nicht zulässig. Die Neuregelung dürfte nicht allein wegen einer höheren Bewertung der Bonität von Kommunalkrediten durch den Gesetzgeber erfolgt sein, sondern zugleich eine gezielte, gesetzliche Unterstützung der Kapitalversorgung der öffentlichen Hand beinhalten.

Abgesehen von den nicht deckungsfähigen Darlehen i.S. von § 5 Abs. 1 Nr. 2 HBG sowie den Darlehen an die Mitgliedsstaaten der Europäischen Gemeinschaft oder ihnen gleichgestellte Staaten (§ 5 Abs. 1 Nr. 1 HBG) enthält das Hypothekenbankgesetz auch im Kommunalkreditbereich keine quantitativen *sektoralen* Begrenzungen. Der Umfang des Kommunalkreditgeschäfts ist — wie der des Hypothekargeschäfts — lediglich von der Passivseite her durch die Höhe der Umlaufsgrenzen global festgesetzt.

VI. DAS PASSIVGESCHÄFT

A. Die vier Refinanzierungsformen

Zur Beschaffung der Fremdmittel für ihr Darlehensgeschäft und damit zur Erfüllung ihrer Transformationsfunktion stehen den Hypothekenbanken vier Refinanzierungsformen zur Verfügung:

1. Der Verkauf von Pfandbriefen und Kommunalschuldverschreibungen. Diese zwei Schuldverschreibungstypen bedürfen der Deckung durch Hypotheken- bzw. Kommunaldarlehen (§ 1 HBG).
2. Die Aufnahme nicht deckungspflichtiger Gelder als verzinsliche oder unverzinsliche Einlagen (§ 5 Abs. 1 Nr. 4a HBG).
3. Die Aufnahme von nicht deckungspflichtigen Globaldarlehen (mit und ohne Sicherstellung durch Namensschuldverschreibungen (§ 5 Abs. 1 Nr. 4b).
4. Der Verkauf nicht deckungspflichtiger, auf den Inhaber lautender Schuldverschreibungen (§ 5 Abs. 1 Nr. 4c HBG).

Gemäß § 7 Abs. 1 und 2 HBG sind die ausgegebenen deckungspflichtigen, die nicht deckungspflichtigen Schuldverschreibungen sowie die als Einlagen oder (Global-)Darlehen aufgenommenen Gelder — soweit nicht den Darlehensgebern Namensschuldverschreibungen zu ihrer Sicherheit ausgehändigt werden — auf die Umlaufsgrenzen anzurechnen (vgl. III C); es bleibt den Emittenten überlassen, ob die Anrechnung der zu 2.-4. genannten Refinanzierungsmittel auf den Umlauf von Pfandbriefen oder Kommunalschuldverschreibungen erfolgt. Entscheidend ist allein, daß das 50fache der haftenden Eigenmittel nicht überschritten wird.

Den Schwerpunkt der Mittelbeschaffung bildet für die Hypothekenbanken nach wie vor der Absatz von Pfandbriefen und Kommunalschuldverschreibungen. Alle Refinanzierungsformen dienen der Aufbringung von Mitteln zur Gewährung von deckungsfähigen hypothekarischen Darlehen und Kommunaldarlehen sowie der zugelassenen grenzüberschreitenden Kreditgeschäfte, die oben zu Nr. 2-4 genannten darüber hinaus auch zur Refinanzierung von Darlehen außerhalb der Deckungsmasse. Das sind vor allem Darlehen, die wegen Überschreitung der ersten drei Fünftel des Verkaufswertes des beliehenen Grundstücks nicht als Deckung für Schuldverschreibungen verwendet werden dürfen sowie Darlehen, die hypothekarisch an Bauplätzen und noch nicht fertiggestellten bzw. auf noch nicht ertragsfähigen Neubauten gesichert sind (§ 5 Abs. 1 Nr. 2 HBG).

Im Rahmen der zunehmenden Liberalisierung des Kapitalverkehrs vor allem im europäischen Bereich sind alle vier Refinanzierungsformen grundsätzlich zur Kapitalbeschaffung auch im Ausland geeignet. Ob dies nur in Deutscher Mark oder auch in Fremdwährung zulässig ist, dürfte von der jeweiligen Refinanzierungsform abhängen. Aus der obligatorischen Währungskongruenz zwischen Aktiv- und Passivgeschäft der Hypothekenbanken, die hypothekarische Deckungsdarlehen und Kommunaldarlehen (an in- und ausländische Schuldner) nur in Deutscher Mark gewähren dürfen, (vgl. § 5 Abs. 1 Nr. 1 sowie Begründung der HBG-Novelle 1974 hierzu) folgt, daß *Pfandbriefe und Kommunalschuldverschreibungen* auf *Deutsche Mark* lauten müssen. Die Frage der *Währungskongruenz* kann jedoch dort *nicht relevant* sein, wo *nicht zur Deckung bestimmte Aktivgeschäfte* Grund und Voraussetzung für die Aufnahme von Fremdmitteln bilden. Die Mittelbeschaffung in Fremdwährung über nicht deckungspflichtige Einlagen, Globaldarlehen und Schuldverschreibungen gemäß § 5 Abs. 1 Nr. 4 HBG ist durch das Hypothekenbankgesetz nicht, zumindest nicht ausdrücklich ausgeschlossen. Die sich hieraus ergebende weitere Frage, ob die entsprechenden Gegengeschäfte auf der Aktivseite in Deutscher Mark oder auch in Fremdwährung abgeschlossen werden können, dürfte, da durch das Hypothekenbankgesetz gleichfalls nicht geregelt, als geschäftspolitische Frage eigenverantwortlich von jeder Hypothekenbank zu entscheiden sein.

Refinanzierungen im Ausland wurden allerdings auch für die Hypothekenbanken in Ergänzung binnenwirtschaftlicher Stabilitätsmaßnahmen in den letzten Jahren durch *Kapitalverkehrsbestimmungen* und finanzpolitische Maßnahmen normativ und administrativ beschränkt. So wurde z.B. zur Eindämmung eines im Interesse der Aufrechterhaltung der inneren Stabilität unerwünschten Kapitalzuflusses aus dem Ausland eine *Genehmigungspflicht* für den Erwerb inländischer Wertpapiere durch Gebietsfremde von Gebietsansässigen angeordnet; für bestimmte bei Gebietsfremden aufgenommene Verbindlichkeiten (einschließlich der Globaldarlehen) wurde eine sog. *Bardepotpflicht* eingeführt. Seit 1965 wird auf Zinserträge festverzinslicher Wertpapiere im Besitz von Gebietsfremden eine *Kuponsteuer* erhoben.

Einen quantitativ begrenzenden Einfluß auf die Mittelbeschaffung können auch für Hypothekenbanken die *Mindestreservebestimmungen* der Deutschen Bundesbank ausüben. Zur Beeinflussung des Geldumlaufs und der Kreditgewährung kann die Deutsche Bundesbank auf Grund von § 16 Abs. 1 BBankG verlangen, daß die Kreditinstitute in Höhe eines bestimmten Vomhundertsatzes ihrer Verbindlichkeiten aus Sichteinlagen, befristeten Einlagen und Spareinlagen sowie aus aufgenommenen kurz- und mittelfristigen Geldern mit Ausnahme der Verbindlichkeiten gegenüber anderen mindestreservepflichtigen Kreditinstituten Guthaben auf unverzinslichen Girokonten bei ihr unterhalten (Mindestreserve). Die Hypothekenbanken unterliegen nur unter bestimmten, in § 1 Abs. 2e der Mindestreserverichtlinien festgelegten Voraussetzungen für ihre Refinanzierungen der die Bankenliquidität beeinflussenden Passiv-Mindestreserveregelung. Die förmliche Befreiung von der Pflicht zur Haltung von Mindestreserven wird jeweils im Dezember für das folgende Kalenderjahr in den Mitteilungen der Deutschen Bundesbank in einem besonderen Verzeichnis der *nicht reservepflichtigen Kreditinstitute* veröffentlicht. Das Bundesverwaltungsgericht hat durch Urteil vom 29.1. 1973[91a]) in einem Musterprozeß entschieden, daß die Freistellung der Kreditinstitute mit überwiegend langfristigem Geschäft durch § 16 Abs. 1 BBankG gedeckt sei. Die Begründung dieser über die Liquidität und Rentabilität der Hypothekenbanken berührenden Grundsatzentscheidung weist unter anderem daruf hin, daß die *Pfandbriefinstitute keine Geldschöpfung betreiben*, sondern unmittelbar den Kapitalfluß vom Anleger zum Kreditnehmer unter Wahrnehmung ihrer Mittlerfunktion leiten.

B. Der Verkauf von Pfandbriefen und Kommunalschuldverschreibungen

1. Emissionspolitik der Hypothekenbanken[92]

Die Hypothekenbanken sind Daueremittenten, denn sie nehmen als Kapitalnachfrager den Rentenmarkt zur Deckung der Kreditnachfrage laufend in Anspruch. Ihre Emissionspolitik ist ein funktionaler Teilbereich ihrer institutionell begrenzten Geschäftspolitik. Sie wird primär und am wirksamsten durch normative Bestimmungsfaktoren beeinflußt. Daneben reflektieren marktabhängige Bestimmungsfaktoren auf emissionspolitische Entscheidungsprozesse. Nur innerhalb eines normativ nicht eingebundenen oder eingeschränkten Freiheitsspielraums verbleibt den Hypothekenbanken Raum für eigene, d.h. von ihnen selbst bestimmbare Emissionspolitik.

a) Normative Bestimmungsfaktoren

Staatliche Emissionsgenehmigungen

Die Auflegung einer Emission von Inhaberschuldverschreibungen bedarf gemäß § 795 BGB einer Genehmigung des zuständigen Bundesministers, z.Z. des Bundesministers der Finanzen; sie wird im Einvernehmen mit der obersten Behörde des Landes erteilt, in dessen Gebiet die antragstellende Hypothekenbank ihren Sitz hat. Ein entsprechender Antrag ist über das zuständige Länderministerium zu stellen. Er hat nach der ministeriellen Verwaltungspraxis außer dem Volumen und dem Nominalzins der beabsichtigten Emission Angaben über die wichtigsten Emissionsbedingungen wie Laufzeit, Tilgungsmodalitäten, Zinstermine und voraussichtlichen Ausgabekurs sowie über die Einhaltung der im Hypothekenbankgesetz festgelegten Umlaufs- und Deckungsvorschriften zu enthalten. Die Genehmigung des § 795 BGB setzt eine Bonitätskontrolle der neu auszugebenden Schuldverschreibungen voraus und dient insbesondere dem Gläubigerschutz. Die Gültigkeit der Emissionsgenehmigungen ist jeweils auf ein Jahr begrenzt. Nach Fristablauf verlieren nicht verlängerte Emissionsgenehmigungen für den noch nicht begebenen Teil einer Emission ihre Wirksamkeit mit der Folge, daß bereits ausgedruckte, nicht verkaufte Stücke verfallen. Die Hypothekenbanken beantragen daher auch für zinstypenmäßig nicht mehr marktgerechte Reihen vor Fristablauf der Genehmigung vorsorglich Fristenverlängerungen. Unabhängig von der Gebührenfreiheit der Verlängerungsbescheide sind für diese Anträge emissionspolitische Überlegungen bestimmend. Auch Pfandbriefe und Kommunalschuldverschreibungen, deren Nominalzinssätze im Zeitpunkt eines (wiederholten) Auslaufens der Ausgabegenehmigungen nicht mehr marktkonform sind, bieten bei marktbedingt gesunkenen Erwerbskursen potentiellen Anlegern marktgerechte Renditen (Effektivverzinsungen). Vor allem aus diesem Grund ist die Frage, ob die durch §§ 9 Abs. 1, 41 Abs. 1 HBG eingeführte normative Laufzeitkongruenz auch für die Verlängerung ausgelaufener Emissionsgenehmigungen gilt, nicht nur von theoretischer Bedeutung; sie dürfte schon im Hinblick auf die nicht beabsichtigte rückwirkende Kraft der Novelle zu verneinen sein (vgl. III B 2 und VI B 1a).

Quantitative Begrenzungen

Umlaufsgrenzen. Der zulässige Umfang der umlaufenden Emissionen von Pfandbriefen und Kommunalschuldverschreibungen bestimmt sich gemäß §§ 7, 41 Abs. 2 HBG nach der Höhe des sog. *unterlagsfähigen Eigenkapitals* sowie nach dem jeweils geltenden Multiplikator (vgl. hierzu unter III. C.).

Pfandbriefdeckung. Nach § 6 HBG dürfen Pfandbriefe und Kommunalschuldverschreibungen nicht oder nicht mehr in Verkehr gebracht werden, wenn durch hierfür geeignete Darlehen keine entsprechende Deckung des Umlaufs an Pfandbriefen und Kommunalschuldverschreibungen vorhanden ist. Ergeben sich (z.B. in Zeiten einer Überbeschäftigung der Bauwirtschaft oder aus grundbuchamtlichen Gründen) Verzögerungen bei der Abnahme früher zugesagter Darlehen und damit Engpässe bei der Indeckungnahme, dürfen Neuverkäufe von Pfandbriefen und Kommunalschuldverschreibungen nicht mehr erfolgen; günstige Marktgegebenheiten können dann u.U. nicht ausgenutzt, neue Darlehenszusagen nicht mehr erteilt werden.

Qualitativ wirksame Normen

Beschränkung des Kündigungsrechts. Die Hypothekenbanken dürfen auf das Recht zur Rückzahlung ihrer Hypothekenpfandbriefe und Kommunalschuldverschreibungen höchstens für einen Zeitraum von 10 Jahren verzichten (§§ 8 Abs. 2, Satz 1; 41 Abs. 1 HBG). Diese Verbotsnorm entspricht der Regelung des § 18 Abs. 2, Satz 1 HBG, wonach ein Kündigungsrecht des Darlehensschuldners nur bis zu einem Zeitraum von 10 Jahren vertraglich ausgeschlossen werden darf. Durch diese Synchronisierung von Aktiv- und Passivgeschäft soll den Hypothekenbanken, die in Niedrigzinsphasen nach Ablauf der vereinbarten Kündigungssperrzeit verstärkt Rückzahlungen auf hochverzinsliche Hypotheken entgegennehmen müssen, die Möglichkeit eröffnet werden, die zur Refinanzierung dienenden hochverzinslichen Pfandbriefe gleichfalls aus dem Verkehr zu ziehen, d.h. zu kündigen. Damit sollen möglicherweise auf die Pfandbriefgläubiger durchschlagende Rentabilitätsbelastungen der Hypothekenbankben ausgeschaltet werden. Den Gläubigern von Pfandbriefen und Kommunalschuldverschreibungen darf ein Kündigungsrecht nicht eingeräumt werden (§§ 8 Abs. 1, Satz 2; 41 Abs. 1 HBG). Dieses Verbot dient dem Schutz der Hypothekenbanken vor Massenkündigungen von niedrig verzinslichen Schuldverschreibungen in Zeiten steigender Kapitalzinsen und damit der Vorsorge gegen Liquiditätsbeengungen. Der seitens des Gläubigers unkündbare Pfandbrief ist das notwendige Äquivalent für die seitens der Hypothekenbank gemäß § 19 HBG grundsätzlich unkündbare Tilgungshypothek (vgl. hierzu unter III. B 2).

Verbot der Überpari-Einlösung. Der emissionspolitische Sinn einer *Aufgeldzahlung* bei der Einlösung festverzinslicher Schuldverschreibungen kann sein, den Gläubiger bei einer z.B. durch Auslosung erfolgten Tilgung dafür zu entschädigen, daß er sein Kapital in einem Zeitpunkt zurückerhält, in dem der Kapitalzins unter den Zinssatz seiner Papiere liegt; ein *Rückzahlungsagio* kann jedoch, wenn es erst nach vertragsgerechter Laufzeitbeendigung fällig wird, auch ein Element der Renditegestaltung bilden. Nach §§ 9, 41 Abs. 1 HBG ist den Hypothekenbanken die Ausgabe von Pfandbriefen und Kommunalschuldverschreibungen, deren Einlösungswert den Nennwert übersteigt, nicht gestattet.[93] Diese normative Einschränkung der freien Gestaltung der Emissionsbedingungen erwies sich für die Hypothekenbanken, insbesondere in Schwächezeiten des Rentenmarktes, als absatzrestriktiv, wenn andere Emittentengruppen ihre Schuldverschreibungen dem Markt mit Rückzahlungen zu Überparikursen anboten.

Bestimmend für die Übernahme des Verbots der Überpari-Einlösung in das Hypothekenbankgesetz waren offenbar Schwierigkeiten, die bei drei Hypothekenbanken während der Immobilienkrise (vgl. unter II. B 1) entstanden waren. Der Gesetzgeber führte diese Verluste, die in Wirklichkeit vor allem die Folge einer spekulativen Beleihungspolitik waren, auf die Belastung der Ertragsrechnung durch sog. *Prämien*-Verpflichtungen aus Überpari-Emissionen zurück. Der emissionspolitische Erfolg der 1867 der Deutschen Hypothekenbank, Meiningen, landesrechtlich genehmigten Prämien-Emission[94] zeigt jedoch, daß ein Rückzahlungsagio nicht zwangsläufig zu Verlusten führen muß, wenn — wie bei jeder anderen Refinanzierung — der Verkaufserlös von Prämienpfandbriefen kalkulatorisch vertretbar ist und rentabilitätsorientiert im Aktivgeschäft Verwendung findet. Zu unterscheiden von *Überpari-Einlösungen* ist der Verkauf von Pfandbriefen *über pari* bei einer späteren *Einlösung* zum Nominalwert. Hiergegen sind aus dem Hypothekenbankgesetz Bedenken nicht herzuleiten. Überpari-Verkäufe dienen emissionspolitisch insbesondere in Zeiten einer Überbetonung des Nominalzinsdenkens als Mittel der Absatzförderung.

Normierte Laufzeitbegrenzung. Nach §§ 9 Abs. 1, 41 Abs. 1 HBG sollen die Hypothekenbanken Pfandbriefe und Kommunalschuldverschreibungen nur ausgeben, wenn deren Laufzeit den Zeitraum nicht wesentlich überschreitet, der mit Rücksicht auf die Laufzeiten der hypothekarischen Darlehen der Hypothekenbanken erforderlich ist (vgl. III

B 2). Diese Bestimmung soll nach der Gesetzesbegründung „den Grundsatz der *Laufzeitkongruenz* zwischen Schuldverschreibungsgeschäft und Darlehensgeschäft der Hypothekenbanken in das Hypothekenbankgesetz einführen." Da die Ausgabe von Schuldverschreibungen mit überlangen Laufzeiten das Kursrisiko der Erwerber der Schuldverschreibungen vermehrt, liegt es „im Interesse der künftigen Wertpapiersparer, bei der Neuausgabe von Schuldverschreibungen keine Laufzeiten mehr zuzulassen, die wesentlich über diejenigen hinausgehen, die nach den Gegebenheiten der Darlehensgeschäfte der Hypothekenbanken erforderlich wären". Das Kongruenzgebot ist eine Sollvorschrift. Ihm nicht entsprechende Schuldverschreibungen sind daher im Interesse der Wertpapiererwerber nach der Gesetzesbegründung dennoch gültig. Für seine Einhaltung hat die für die Emissionsgenehmigungen nach § 795 BGB zuständige Behörde Sorge zu tragen.

Ein *angemessener Teil* der neu auszugebenden Schuldverschreibungen soll aus *Tilgungspapieren* bestehen. Die *Angemessenheit* wird in § 9 Abs. 1 Satz 3 HBG *für Pfandbriefe quantifiziert:* Bei mindestens 40% der neu ausgegebenen Pfandbriefe soll vorgesehen werden, daß mit ihrer Tilgung spätestens nach Ablauf von einem Drittel der Laufzeit begonnen werden muß; Papiere mit Laufzeiten von bis zu 15 Jahren werden auf diese Quote angerechnet. Dagegen schreibt das Gesetz *für Kommunalschuldverschreibungen keinen* festen *Mindestanteil an Tilgungsschuldverschreibungen* vor, weil der Anteil der Tilgungsdarlehen im Kommunalkreditgeschäft stark schwankt, von Institut zu Institut verschieden ist und der Höhe nach hinter dem bei hypothekarischen Darlehen zurückbleibt; Hypothekenbanken haben gleichwohl auch bei Kommunalschuldverschreibungen keinen unbegrenzten emissionspolitischen Freiheitsspielraum: denn die für die Emissionsgenehmigungen nach § 795 BGB zuständige Behörde wird bei jeder einzelnen Hypothekenbank eine Individualprüfung über die *Angemessenheit* des Anteils der Tilgungspapiere anstellen und ihren Entscheidungen zugrunde legen. Diese emissionspolitisch relevanten, von *Sparerschutzüberlegungen* getragenen und in die freie Laufzeitgestaltung eingreifenden Bestimmungen traten in Kraft, als es die Marktlage den

Hypothekenbanken seit langem kaum noch gestattete, zehn Jahre laufende Schuldverschreibungen abzusetzen.

b) Kredit- und finanzpolitische Beeinflussung

Kreditpolitische Maßnahmen der Notenbank im Rahmen ihrer *Mindestreserve- und Diskontpolitik* mit dem Ziel einer *Geldmengenregulierung* und einer *Steuerung der Bankenliquidität* beeinflussen vor allem bei zunehmender Geldmarktabhängigkeit des Rentenmarktes nicht nur die Nachfrage nach Pfandbriefen und Kommunalschuldverschreibungen, sondern mittelbar auch deren Ausstattung. So kann z.b. eine kontraktive Notenbankpolitik zu einem Rückgang von Nostroanlagen der Kreditbanken und damit zu einer Einschränkung des Sekundärsparens in Pfandbriefen führen. Auch *emissionspolitische Empfehlungen,* wie z.B. des Zentralen Kapitalmarktausschusses (vgl. II C 5) oder des Konjunkturrates für die öffentliche Hand (vgl. §§ 18, 22 StabG) reflektieren auf die Emissionspolitik der Daueremittenten. Das gilt hinsichtlich des Nominalzinssatzes, der Laufzeiten, der Emissionskurse und damit der Effektivzinsgestaltung sowie hinsichtlich der Emissionstermine oder -zeitpläne. Jede Anwendung des Instrumentariums der Kapitalverkehrsbestimmungen führt mittelbar — je nach ihrer Intensität — zu differenzierten Nachfrage- und Absatzrückgängen. In diesen Problemkreis gehören schließlich die hinsichtlich des Abnehmerkreises im Auslandsgeschäft absatzhemmenden Wirkungen des sog. *Kuponsteuergesetzes.*

So beeinflussen auch kredit-, außenwirtschafts- und finanzpolitische Maßnahmen — wenn auch teilweise nur im Sekundärwirkungsbereich — eine das freie Spiel der Marktkräfte voraussetzende, eigenständige Emissionspolitik der Hypothekenbanken und wirken zugleich *mengenregulierend* auf den Schuldverschreibungsabsatz. Ihre absatzstimulierenden Entsprechung fanden sie in den in anderem Zusammenhang erwähnten steuerfreien, die Finanzierung des sozialen Wohnungsbaus durch ihre Steuerfreiheit subventionierenden Sozialpfandbriefen auf Grund des ersten Gesetzes zur Förderung des Kapitalmarktes von 1952 (vgl. IV, A 1).

c) Interdependenz zum Aktivgeschäft

Kapitalaufkommen- und verwendung stehen im Geschäft der Hypothekenbanken in einem unmittelbaren gegenseitigen Abhängigkeitsverhältnis. Der *aufgeklärte Sparer* bevorzugt auf Grund einer gewachsenen Inflationsmentalität zunehmend ebenso wie der *institutionelle Anleger* Rentenwerte nicht nur mit möglichst hohen Renditen, sondern auch mit kurzen, überschaubaren Laufzeiten. Demgegenüber benötigen die Kreditnachfrager, insbesondere die Wohnungswirtschaft (im Hinblick auf die Niedrighaltung der Wohnlasten) langfristige, niedrig verzinsliche Fremdfinanzierungsmittel. Sog. Laufzeit-Überkongruenzen von Schuldverschreibungen gegenüber den durch sie refinanzierten Darlehen gehören auf Grund der Marktentwicklung vorerst der Vergangenheit an; die Einräumung nachgefragter langer Darlehenslaufzeiten kann bei verkürzten Refinanzierungsfristen zu Laufzeitunterkongruenzen führen und damit die künftige Liquidität der Hypothekenbanken gefährden.
Diesen bleibt als Clearingstellen der Interessen ihrer Kapitalanleger und denen ihrer Kreditnehmer in einer solchen Zielkonfliktsituation nur die Möglichkeit einer aufeinander abgestimmten, integrierten Verkürzung der Laufzeiten von Schuldverschreibungen und Darlehen. Die Hypothekenbanken sind daher zu den (bereits beim Darlehensgeschäft unter V A 2 angesprochenen) *Abschnittsfinanzierungen im Darlehensgeschäft* übergegangen, denen bankinterne, nach Möglichkeit zeitkongruente *Anschlußrefinanzierungen* entsprechen.
Eine marktabhängige und zugleich funktionsgerechte *Emissionspolitik* schlägt damit auf die *Kreditpolitik* der Hypothekenbanken durch. Umgekehrt bestimmen die im Darlehensgeschäft jeweils erreichbaren und für die Wohnungswirtschaft tragbaren Zinssätze weitgehend die Zinsausstattung der Emissionen neuer Schuldverschreibungen. Diese *Interdependenz ihres Aktiv- und Passivgeschäfts*, die bei Emissionen ohne korrespondierende Gegengeschäfte, z.B. bei der Mehrzahl öffentlicher Anleihen nicht besteht, schafft weitere marktabhängige Bestimmungsfaktoren für die Kapitalmittlerfunktion der Hypothekenbanken.

2. Das Wertpapiergeschäft

a) Zeitliche Prioritäten

Die früher unter Bezugnahme auf § 1 HBG von der rechtsgrundsätzlichen Seite her angesprochene Frage, ob Hypothekenbanken ihre Schuldverschreibungen erst dann verkaufen dürfen, wenn diesen deckungsfähige Darlehensforderungen gegenüberstehen, hat an praktischer Bedeutung verloren. Durch § 1 HBG wird eine zeitliche Reihenfolge zwischen Hypothekenauszahlung und Pfandbriefverkauf nicht festgelegt. Die Hypothekenbanken beschaffen sich ihre Refinanzierungsmittel grundsätzlich zeitkongruent mit der Zusage der Darlehen. Die Einhaltung des in § 6 Abs. 1 HBG enthaltenen Grundsatzes der kongruenten Deckung veranlaßt sie zu den Zusagedaten der Darlehen zeitnahen Plazierungen der zur Refinanzierung dienenden Schuldverschreibungen. Im öffentlich geförderten Wohnungsbau wird die Bewilligung der öffentlichen Mittel von der Zusage der erststelligen Mittel abhängig gemacht; entsprechendes gilt für die Übernahme öffentlicher Bürgschaften. Auch die Zulassung der sog. primären Ersatzdeckung nach § 6 Abs. 4 HBG (vgl. III. B 3) rechtfertigt den Darlehensauszahlungen zeitlich vorgezogene Refinanzierungen. Nicht rechtzeitige Refinanzierungen und ein vorgezogenes Darlehensgeschäft können schließlich bei unübersehbaren Entwicklungen am Rentenmarkt vor allem in Zeiten steigender Kapitalzinsen dazu führen, daß vereinbarte Darlehenskonditionen hinter inzwischen gestiegenen Refinanzierungskosten zurückbleiben und damit rentabilitätsmäßige Belastungen ausgelöst werden. Wohl alle Bilanzen der Hypothekenbanken weisen einen gegenüber ihrem Darlehensdeckungsbestand höheren Schuldverschreibungsumlauf aus und verdeutlichen damit die zeitliche Refinanzierungswirklichkeit.

b) Marketing

Die optimale Ausnutzung innerhalb des vor allem durch das Hypothekenbankgesetz gesetzlich festgelegten Ordnungsrahmens vollzieht sich auf Grund einer institutsindividuellen Marketing-Konzeption. Die zunehmende Konkurrenz um institutionelle Anleger und das zinsbewußter gewordene Publikum sowie ein steigendes Angebot von Spar- und Anlageformen im privaten und öffentlichen Bereich erfordern ein gezieltes und modernes Marketing auch der Hypothekenbanken. Diese orientieren sich daher an den jeweiligen individuellen Anlagebedürfnissen; sie halten unter Berücksichtigung ihrer Transformationsfunktion ein markt- und kundengerechtes Angebot ihrer *Produkte* Pfandbrief und Kommunalschuldverschreibung für längerfristig anlagesuchendes Sparkapital bereit. Ihr Wertpapierangebot wird ergänzt durch die Wahl geeigneter Werbe- und Verkaufsförderungsmaßnahmen, die Ausgestaltung und Nutzung von Absatzwegen sowie kundenorientierte Formen des Verkaufs und der Auslieferung der Schuldverschreibungen.[95]

Ausstattung der Schuldverschreibungen

Die die Rendite bestimmenden Ausstattungsmerkmale der Pfandbriefe und Kommunalschuldverschreibungen werden in Anpassung an die Marktgegebenheiten und unter Berücksichtigung der dargestellten normativen Bestimmungsfaktoren festgelegt. Nominalzins, Laufzeit sowie Nettoverkaufskurs werden grundsätzlich so gewählt, daß die Neuemissionen nach ihrer Börseneinführung möglichst nahe am Parikurs notieren. Die vorgegebenen Marktdaten und die das Wertpapiergeschäft betreffenden Bestimmungen des Hypothekenbankgesetzes sind für die Entscheidungsprozesse sämtlicher Hypothekenbanken über die Ausstattung ihrer Schuldverschreibungen gleicherweise relevant. Man hat daher ihre *Produktgestaltung* kritisch als *Konditionen-Eintopf* bezeichnet. Eine solche Betrachtung übersieht das Marketing-Element der Produktgestaltung beim kundenorientierten Angebot. Beispiele für eine differenzierte und für ein Verkaufssortiment geeignete Produktgestaltung sind: Laufzeit- und Nominalzinsvariationen; kurzlaufende Neuemissionen und Schuldverschreibungen mit kurzen Restlaufzeiten; unterschiedliche Zinstermine (Halb- und Ganzjahreskupon);

Festlaufzeiten und laufende Tilgungen (Auslosungen). Selbst bei einem derart erweiterten Angebot wird es kaum Unterschiede in der Effektivverzinsung (Rendite) geben. Gleichwohl sind die Höhe des Nominalzinssatzes ebenso wie der Erwerbskurs bzw. das Disagio nicht selten für die Anlageentscheidungen der potentiellen Wertpapierkäufer von Bedeutung. Die Höhe der Nominalverzinsung ist auch verkaufspsychologisch nicht neutral. Insbesondere private Sparer sind nicht selten bereit, unter Außerachtlassung einer Effektivzinsberechnung bei einer hohen Nominalverzinsung einen Zuschlag auf den Nennwert des Rentenpapiers zu zahlen. Andererseits kann ein Verzicht privater wie institutioneller Anleger auf eine hohe Nominalverzinsung zugunsten eines niedrigeren Erwerbskurses beispielsweise in steuerlichen Überlegungen seine Ursache haben.

Auch *Laufzeit* und *Fälligkeit der Schuldverschreibungen* bilden wesentliche, für Sparer und Anleger gleicherweise wichtige Ausstattungsmerkmale. Die *Tilgung* erfolgt meist zu pari nach Ablauf der Laufzeiten oder nach einem festgelegten Plan; dieser legt u.a. fest, welcher Prozentsatz der Gesamtemission jährlich zu tilgen ist und in welcher Form dies zu geschehen hat. Die Tilgung kann auch auf Grund jährlicher *Auslosungen* erfolgen. Dann wird durch Losziehung im Beisein des Treuhänders ermittelt, welche Stücke einer Emission zum nächsten Zinstermin getilgt werden; alle Stücke mit den ausgelosten Endnummern werden unabhängig von ihrer Stückelung eingelöst. Die Anleihebedingungen gestatten oft auch Tilgungen durch freihändigen Rückkauf. Die bei Endfälligkeit oder nach Verlosungen der Hypothekenbank zur Einlösung hereingegebenen Stücke werden von dieser ihrem Treuhänder zur Vernichtung eingeliefert und scheiden damit aus Umlauf und Verzinsung aus.

Kurssichere *Namenspapiere und Inhaberpapiere* mit sog. *Sonderausstattungen* sind besonders geeignet, die unterschiedlichen Wünsche — vor allem von institutionellen Anlegern — hinsichtlich Laufzeit, Nominalzins und Disagio zu erfüllen. Durch Inhaberschuldverschreibungen mit Sonderausstattungen wird ein wesentlicher Vorteil des Namenspapiers, die jeweils markt- und kundengerechte Laufzeitausstattung, auf das Inhaberpapier übertragen; der Emittent verpflichtet sich in einer Nebenabrede dem jeweiligen Inhaber gegenüber zum Rückerwerb der Inhaberschuldverschreibungen zu einem festen Kurs (zumeist zu pari) zu einem Zeitpunkt, der vor dem durch die Emissionsbedingungen festgelegten Fälligkeitstermin liegt.[96]

Namenspapiere sowie Inhaberschuldverschreibungen mit Sonderausstattungen kommen auch den vornehmlich von bilanzpolitischen Überlegungen getragenen Wünschen institutioneller Anleger auf Kurssicherheit weitgehend entgegen; allerdings steht einer erhöhten Kurssicherheit infolge der fehlenden Börsenfähigkeit eine geringere Fungibilität und der Verzicht auf marktbedingte Kursgewinne gegenüber. Ähnlich wie die bisher vorwiegend an Großanleger verkauften Namenspapiere oder wie die Inhaberschuldverschreibungen mit Sonderausstattungen gewährleisten Inhaberpapiere mit einer in den Emissionsbedingungen verbrieften Kursgarantie dem Kleinanleger, insbesondere dem privaten Sparer die gleicherweise von ihm gewünschte Kurssicherheit. Derartige Pfandbriefausstattungen sind seit 1971 am Markt; sie stehen bei Aufrechterhaltung zweier Haupteigenschaften des Pfandbriefs, der Börsenfähigkeit und der Mündelsicherheit im Wettbewerb mit konkurrierenden Sparformen, insbesondere mit Bundesschatzbriefen, Sparkassenobligationen und Sparbriefen.[97] Alle Versuche, das Kursrisiko für die Pfandbriefinhaber zu verringern, werden zwangsläufig auf einen relativ kleinen Teil des Gesamtumlaufs beschränkt bleiben müssen, um nicht die Laufzeitkongruenz zu gefährden (vgl. III B 2).

Die jeweils zum Verkauf stehenden Emissionen werden in eine Anzahl auf den Inhaber lautender Teilschuldverschreibungen zu unterschiedlichen Nenn-(Nominal-)werten aufgeteilt. Die Stückelung liegt in einer Bandbreite zwischen nom. 100 DM und 100.000 DM. Ihre Festlegung erfolgt zumeist beim ersten Verkaufsangebot, spätestens im Zeitpunkt des Druckes der Schuldverschreibungsurkunden entsprechend den (voraussichtlichen) Wünschen des erwarteten Erwerberkreises, d.h. privater Sparer oder institutioneller Anleger.

Nach § 8 Abs. 1 und § 41 HBG sind die für das Rechtsverhältnis zwischen der Hypothekenbank und den Gläubigern von Pfandbriefen und Kommunalschuldverschreibungen maßgeblichen Bestimmungen in den Urkunden ersichtlich zu machen; das gilt insbesondere für die Kündbarkeit der Schuldverschreibungen.[98])

Werbung und absatzfördernde Maßnahmen

Die Werbung der Hypothekenbanken für ihre Schuldverschreibungen erfolgt zweistufig. Die in anderem Zusammenhang (II C 4) erwähnte *Gemeinschaftswerbung* des Gemeinschaftsdienstes der Boden- und Kommunalkreditinstitute dient der (institutionellen) Produktwerbung und damit der allgemeinen Kundeninformation über Wesen und Vorteile von Geldanlagen in Pfandbriefen und Kommunalschuldverschreibungen gegenüber anderen Spar- und Anlageformen. Auf dieser Grundkonzeption baut sich eine verkaufsbezogene, institutsindividuelle *Anschlußwerbung* auf. Ihr geschäftspolitisches Ziel ist, die besondere Servicefunktion der Hypothekenbank und deren spezielle Anlagepalette zu profilieren und darüber hinaus bei den Käufern von Schuldverschreibungen nach Möglichkeit eine Art *Markenbewußtsein* zu erreichen. Die Effizienz dieser Anschlußwerbung ist kaum meßbar; sie kann durch geschäftspolitische Interessen institutsfremder *Vertriebssysteme* beeinträchtigt werden. Gezielte Verkaufsförderungsmaßnahmen können dazu beitragen, auch den Vertriebsapparat und die Anlageberatung vor allem der Geschäftsbanken auf die Schuldverschreibungen der werbenden Hypothekenbanken einzustimmen.

Absatzformen und -wege

Die Gestaltung der Vertriebspolitik, insbesondere die Wahl geeigneter *Absatzformen* und effizienter *Absatzwege* findet ihre Grenzen im institutionellen Bereich: Ein sich an die jeweilige Marktsituation anpassender kontinuierlicher Verkauf von Schuldverschreibungen bedingt ein funktionsfähiges Vertriebssystem, das das anlagesuchende Publikum anspricht, berät und für eine schnelle Abrechnung und Auslieferung sorgt. Hypothekenbanken sind mit Ausnahme der drei sog. gemischten Institute keine Filialbanken; ihre Außenstellen sind überwiegend Hypothekenannahmebüros und dienen insbesondere der Akquisition im Aktivgeschäft, nur in sehr geringem Maße auch dem Absatz von Schuldverschreibungen. Der Direktabsatz an private Sparer, das sog. Tafelgeschäft, spielt bei den reinen Hypothekenbanken allenfalls an ihrem Sitz, sonst kaum eine Rolle.

Sie müssen sich mangels einer eigenen Vertriebsorganisation gegen die Gewährung von Provisionen (sog. *Bonifikationen*) institutsfremder Vertriebswege, vor allem der Filialnetze der Geschäftsbanken bedienen. Diese übernehmen, soweit Plazierungen nicht unmittelbar durch die Hypothekenbanken selbst erfolgen, auch die Unterbringung von Schuldverschreibungen bei institutionellen Anlegern (Kapitalsammelstellen). Bei der Einschaltung außerbetrieblicher Vertriebssysteme tritt an die Stelle der unmittelbaren persönlichen Beziehung zum Kunden und der eigenen Anlageberatung eine Dienstleistung Dritter. Die Inanspruchnahme des Dienstleistungsapparates der den Absatz vermittelnden Kreditinstitute entlastet die eigenen Personalkosten, bedingt jedoch zusätzliche Aufwendungen im Sachkostenbereich. Die *Bonifikation* ist — so gesehen — zumindest nicht nur ein *Mengenrabatt*, sondern primär eine echte Vergütung für die Inanspruchnahme von Dienstleistungen betriebsfremder Vertriebsnetze zur langfristigen Plazierung (Dauerplazierung). Das *Bonifikationsabkommen* von 1940 hat zwar insbesondere aus kartellrechtlichen Gründen keine Gültigkeit mehr; doch dürften Bonifikationssätze in Höhe von etwa 1% auf Grund langjähriger Anwendung banküblich geworden sein und weitgehend als Usancen fortgelten.[99]

Da die Vertriebsbanken verständlicherweise den Absatz derjenigen Papiere bevorzugen, der ihnen die höchsten Bonifikationen einbringt, bleibt es nicht aus, daß sich die Emittenten einem zusätzlichen Wettbewerb im privaten und öffentlichen Bereich ausgesetzt sehen und sich bei der Gewährung von Bonifikationsabschlägen gegenseitig überbieten. Die Bonifikationen bilden damit — nicht nur innerhalb des Hypothekenbankgewerbes, sondern auch gegenüber anderen Emittenten — ein absatzpolitisches und rentabilitätsbeeinflussendes Wettbewerbselement. Schließlich soll die Bonifikation eine zeitlich (zumindest für 2 Jahre) begrenzt wirksame Sperre gegen Rückgaben der verkauften Schuldverschreibungen bieten. Sie wird daher pro rata temporis zurückvergütet, wenn die bonifizierten Stücke vor Ablauf dieser Frist zum Rückkauf angeboten werden.

c) Verkauf und Lieferung

Das Verkaufsgeschäft betrifft vornehmlich den *Erstabsatz* von noch nicht im Umlauf befindlichen Schuldverschreibungen, sog. *nassen Stücken.* Der Ersterwerb ist gemäß § 22 KVStG börsenumsatzsteuerfrei. Nur er führt zur Erhöhung des Schuldverschreibungsumlaufs. Dagegen sind *Wiederverkäufe eigener,* vor allem der im Wege von Kurspflegemaßnahmen aufgenommenen Schuldverschreibungen, sog. *trockener Stücke,* umlaufsneutral, sofern sie nicht durch vorübergehende Rückgabe an den Treuhänder zum Zwecke der Verwahrung aus dem Umlauf ausgeschieden waren (§ 6 Abs. 1 Satz 3). Die Hypothekenbanken bemühen sich aus Liquiditäts- sowie aus Rentabilitätsgründen, ihren Bestand an Rückflußstücken abzubauen, wenn und soweit die Marktlage dies gestattet. Sie achten hierbei insbesondere darauf, daß der Nettoabgabesatz solcher Stücke sowohl der derzeitigen Marktlage entspricht und nicht unter dem früheren Aufnahme- (Rückerwerbs-)kurs liegt. Der Erwerb solcher Stücke unterliegt gemäß §§ 17, 24 KVStG einer Börsenumsatzsteuer von 1%o. Ein Vorteil für den Erwerber liegt in der jederzeitigen Lieferbarkeit.

Das alsbaldige Ausdrucken der Schuldverschreibungen, d.h. die Herstellung von Einzelurkunden, liegt ebenso im Interesse der Gläubiger wie in dem der Hypothekenbanken. Diese führen ihre Pfandbriefe und Kommunalschuldverschreibungen an der Heimatbörse und auch an anderen Börsenplätzen im allgemeinen erst dann ein, wenn die effektiven Stücke vorliegen. *Nach* erfolgter Zulassung zum und nach *Einführung* in den *Börsenhandel* mit amtlicher Notiz sind die Papiere an der Börse handelbar und damit echt *fungibel.*

Der Verkauf (noch) nicht lieferbarer Stücke begründet sog. *Lieferverpflichtungen;* hierbei handelt es sich um Verbindlichkeiten aus dem Verkauf von Schuldverschreibungen, die noch nicht durch vom Treuhänder ausgefertigte und von der Hypothekenbank übergebene Stücke bzw. durch Interimsquittungen belegt sind. Sie werden als besondere Bilanzposition auf der Passivseite ausgewiesen. Verzögerungen im Ausdrucken der Stücke bedingen *Zwischenlösungen* zugunsten der Käufer. Diese erhalten für die Zeit bis zur Ausgabe der endgültigen Wertpapierurkunden auf ihren Namen ausgestellte *Kassenquittungen*, d.h. bloße Beweisurkunden über Ansprüche auf Lieferung bezahlter Schuldverschreibungen. Die Käufer werden sich mit dieser Rechtsposition nicht immer, vor allem nicht auf längere Zeit zufrieden geben. Ihren berechtigten Interessen trägt weitgehend ein zunehmend an Bedeutung gewinnendes Interimsverfahren Rechnung: Die Hypothekenbanken stellen *nicht deckungspflichtige* sog. *Jungscheine* aus; diese haben die Aufgabe, Schuldverschreibungen in derem stückelosem Entwicklungsstadium zu vertreten, um sich später in den endgültigen Wertpapierurkunden wieder aufzulösen.[100]

Dieses Verfahren bietet den Vorteil, daß die Auslieferungen effektiver Stücke an die Käufer im Zeitpunkt des Verkaufs der Schuldverschreibungen über die Kassenvereine befristet durch Wertpapierschecks ersetzt werden können. Das Jungscheinverfahren findet auch dann Anwendung, wenn infolge noch fehlender Deckungshypotheken unter Berücksichtigung der Bestimmung des § 6 HBG (ausgedruckte) Schuldverschreibungen nicht ausgeliefert und damit noch nicht in Umlauf gesetzt werden können. Der Jungschein, der bei der Girosammelverwahrung weitgehend an die Stelle der Kassenquittung getreten ist, ermöglicht schon in der stückelosen Vorstufe von Pfandbriefen und Kommunalschuldverschreibungen deren Lieferbarkeit. Diese wird durch den Jungscheingiroverkehr erreicht, der dem *Girosammeldepot* und dem *Effektivgiroverkehr* nachgebildet und als eine Art *Treugiroverkehr* in den Geschäftsbedingungen der Wertpapiersammelbanken (Kassenvereine) geregelt ist.

d) Verwahrung von Wertpapieren

Das *Depotgeschäft* gehört zu den nach § 5 Abs. 1 Nr. 5 HBG ausdrücklich zugelassenen Nebengeschäften der Hypothekenbanken. Sie pflegen eigene Emissionen gebührenfrei zu verwahren. In Verbindung mit dem später zu behandelnden Einlagengeschäft verbinden sie mit diesem unentgeltlichen Serviceangebot zugleich absatzpolitische Ziele: Gutgeschriebene Zinserträge sollen nach Möglichkeit wieder in Schuldverschreibungen des verwahrenden Instituts angelegt werden. Darüber hinaus geben Pfandbriefbesitzer vielfach auch andere Wertpapiere bei der Hypothekenbank in Verwahrung, um die Depothaltung auf *ein* Institut zu konzentrieren. Die Hypothekenbanken erhalten durch Übernahme solcher Depotverwaltungen zugleich die Möglichkeit, anlageberatend tätig zu sein. Für die Verwahrung institutsfremder Wertpapiere werden Depotgebühren in üblicher Höhe berechnet.

Die Verwahrung erfolgt entweder im *Streifbanddepot* oder im Wege der *Girosammelverwahrung*. In beiden Fällen wird zugunsten des Wertpapierkunden ein auf seinen Namen lautendes Depotkonto eingerichtet. Bei Verfügungen über die im Streifbanddepot befindlichen Wertpapiere müssen die hinterlegten Stücke effektiv bewegt werden. Bei der Girosammelverwahrung nimmt der Hinterleger über seine Depotbank am stückelosen Effektengiroverkehr teil, der in seiner Funktion weitgehend mit dem bargeldlosen Zahlungsverkehr verglichen werden kann. Die Abwicklung des Effektengiroverkehrs erfolgt über die Kassenvereine (Wertpapiersammelbanken) an den jeweiligen Börsenplätzen, die zu diesem Zweck Sammelbestände auch an Pfandbriefen und Kommunalschuldverschreibungen halten.

Durch die Übernahme von Verwaltungsaufgaben durch die Kassenvereine wirkt sich die Girosammelverwahrung für die Hypothekenbanken arbeitsentlastend aus; das gilt vor allem für Trennung und Einziehung der Zinsscheine, für die Weiterleitung der von den Hypothekenbanken eingehenden Zins- und Tilgungsleistungen zugunsten der Kontoinhaber (d.h. der Kreditinstitute, die diese Geldbeträge an ihre Sammeldepotkunden weiterleiten), für die Bogen- und Zinsscheinerneuerungen. Die Hypothekenbanken bedienen sich dieser verwaltungsmäßigen Rationalisierungsmöglichkeiten in zunehmendem Umfang, nachdem vom September 1973 ab die Kassenvereine zusätzliche Aufbewahrungsmöglichkeiten geschaffen haben und überführen — nach Zinstypen geordnet — auch Altemissionen in die Girosammelverwahrung.

e) Kurspflege

Der *Emissionskredit* einer Hypothekenbank ist, obwohl exakt nicht erfaßbar oder bestimmbar, eine der *psychologischen Voraussetzungen für ihre Position* am Rentenmarkt. Die Hypothekenbanken sind daher im Interesse der Aufrechterhaltung ihres Emissionskredits bemüht, im Rahmen ihrer Liquidität und Rentabilität die Börsenkurse ihrer Schuldverschreibungen zu pflegen und Kursausschläge, insbesondere in Schwächeperioden des Rentenmarktes, nach Möglichkeit abzufangen. Kurspflegemaßnahmen dienen darüber hinaus gleicherweise den Interessen der Schuldverschreibungsgläubiger wie der Aufrechterhaltung des allgemeinen Vertrauens in den Pfandbrief und die Kommunalschuldverschreibung als bewährte Spar- und Anlageformen. Rückläufige Börsenkurse waren und sind noch immer Ausdruck eines allgemeinen Marktverhaltens; sie sind weder als Mangel an Vertrauen gegenüber einer bestimmten Hypothekenbank oder gar in die Institution des Pfandbriefes zu werten. Dieser nimmt tendenziell an der Kursentwicklung aller festverzinslichen börsenfähigen Wertpapiere teil; niemand wird von ihm eine marktinkonforme Sonderkursentwicklung, insbesondere nicht im Vergleich zu öffentlichen und zu Industrie-Anleihen erwarten können. Eine Kurspflege kann daher auch nicht gegen die Marktentwicklung, d.h. insbesondere nicht zur Stützung von Börsenkursen erfolgen, die das Ergebnis gezielter kreditpolitischer Maßnahmen der Bundesbank oder einer Geldwertverschlechterung vor allem bei niedrig verzinslichen langlaufenden Schuldverschreibungen ist.

Eine *prophylaktische Kurspflege* betreiben die Hypothekenbanken durch die *Ausgabe von kurssicheren Schuldverschreibungen*, d.h. von Namenspapieren, Inhaberschuldverschreibungen mit Sonderausstattungen sowie Inhaberschuldverschreibungen mit verbriefter Kursgarantie. Die eigentliche, *echte Kurspflege* dagegen erfolgt durch Aufnahme von Schuldverschreibungen *über die Börse* oder außerbörslich durch unmittelbare Rückkäufe durch das Emissionsinstitut.

Die typischen Ausstattungsmerkmale des Pfandbriefs, insbesondere sein meist während der Laufzeit gleichbleibender Zinssatz, seine im allgemeinen lange Laufzeit und die Unkündbarkeit für den Pfandbriefbesitzer können kapitalmarktbedingt von den Emittenten nicht herbeigeführte oder von ihnen nicht vorhersehbare Sekundärwirkungen haben. Steigende Kapitalzinsen führen zwangsläufig zu Kursrückgängen umlaufender Pfandbriefe und damit zu Veräußerungsverlusten. Eine solche Entwicklung begann Ende der sechziger Jahre als Folge der stabilitätsorientierten Hochzinspolitik der Bundesbank und später auch der Bundesregierung. Sparer und institutionelle Anleger, die gezwungen waren, ihre langlaufenden Pfandbriefe zu verkaufen, erlitten und realisierten vor allem bei 5 bis 6%igen Werten in den siebziger Jahren Kursverluste von 35% und mehr. Alle Versuche, vor allem sozialpolitisch angestrebte Lösungen dieses letztlich marktabhängigen Problems zu finden und die Pfandbriefgläubiger, insbesondere die privaten Sparer, vor Kursverlusten zu schützen, erwiesen sich als untauglich. Die Hypothekenbanken waren angesichts der Höhe des Umlaufs ihrer niedrig verzinslichen Schuldverschreibungen liquiditätsmäßig ebensowenig wie andere Pfandbriefinstitute oder wie die Mehrzahl der Einmalemittenten in der Lage, einen wesentlichen Bruchteil der von ihnen nicht zu vertretenden Kursverlusten zu übernehmen. Sie konnten auch wegen ihres korrespondierenden Aktivgeschäfts, das eine Zinsänderung und damit die Abwälzung höherer Einstandszinsen während der Darlehenslaufzeit auf die Schuldner nicht zuläßt, die Pfandbriefzinsen generell nicht nach oben konvertieren; eine korrespondierende Erhöhung ihrer Darlehenszinsen hätte selbst dort, wo sie rechtlich möglich gewesen wäre, zu sozial unerwünschten Mietanhebungen führen und damit keine tragbare Alternative für die Belastung der Pfandbriefgläubiger dargestellt.

Trotz der damit verbundenen Liquiditäts- und Rentabilitätsbelastungen haben sich die Hypothekenbanken im März 1971 über ihren Verband dem zuständigen Bundesministerium gegenüber im Interesse der Belange der privaten Sparer zu *freiwilligen Stützungsmaßnehmen* bereiterklärt. Zu diesem Zweck werden sie mit Hilfe der *Rückflüsse* aus den mit *5%igen und 5,5%igen tarifbesteuerten Schuldverschreibungen refinanzierten Darlehen freiwillig* Pfandbriefe und Kommunalschuldverschreibungen gleicher Zinstypen zu Kursen zurücknehmen, die erheblich über dem Börsenkurs, z.T. sogar bei pari liegen. Diese vorzeitigen Einlösungen werden unter angemessener Berücksichtigung des Bedarfs an Mitteln für die Erfüllung bestehender Verbindlichkeiten und für sonstige notwendige Maßnahmen aus dem Kreis der privaten Hypothekenbanken jährlich zumindest 100 Mio DM betragen. Darüber hinaus haben die Hypothekenbanken im März 1973 erklärt, daß sie *im Rahmen ihrer jeweiligen Möglichkeiten auch künftig um Lösungen bemüht sein werden, um die Belange der Sparer zu wahren, die ihre Schuldverschreibungen nur zu einem Preis veräußern können, der in einem auffälligen Mißverhältnis zu deren Nennwert steht.*

Beide Erklärungen wurden unter der Voraussetzung abgegeben, daß die im Regierungsentwurf vorgesehene Ermächtigung zum Erlaß von Rechtsverordnungen entfallen werde, auf Grund deren auch die Hypothekenbanken verpflichtet werden konnten, ,,Geldmittel, die sie durch Tilgungsleistungen auf bestimmte Arten von Hypotheken- und Kommunaldarlehen erhalten, zur vorzeitigen Tilgung entsprechender Pfandbriefe und Kommunalschuldverschreibungen zu verwenden haben.'' Der Deutsche Bundestag hat bei der Verabschiedung der HBG-Novelle 1974 zwar auf die Verordnungsermächtigung verzichtet, jedoch folgende Entschließung gefaßt:

,,Der Deutsche Bundestag hat auf Artikel 3 des Gesetzentwurfs nur im Vertrauen darauf verzichtet, daß die Verbände der Realkreditinstitute die gegebenen Zusagen in vollem Umfang einhalten und die Belange der Sparer bestmöglich wahren werden. *Der Deutsche Bundestag behält sich für den Fall der Nichterfüllung vor, auf die in Artikel 3 vorgeschlagene Regelung im Wege eigener Initiative zurückzukommen.* Die Bundesregierung wird ersucht, drei Jahre nach Inkrafttreten des Gesetzes über ihre Erfahrungen zu berichten.101)''

Die auf den *Goodwill-Maßnahmen* der Hypothekenbanken beruhenden vorzeitigen Einlösungen dürften dazu beitragen, daß sonst zur *Beimischung* und *Verbilligung* von marktgerechten langfristigen Darlehen für den Wohnungsbau dienende Darlehenstilgungen nicht mehr in dem bisherigen Umfang zur Verfügung stehen; der früher durch Mischung verschiedener Refinanzierungsquellen angestrebte sozialpolitische Mietverbilligungseffekt durch Verringerung der Kapitalkosten kann nicht mehr erreicht werden. Die Hypothekenbanken haben durch ihre zusätzlichen Kurspflegemaßnahmen — nicht zuletzt unter dem Druck der öffentlichen Meinung — einen echten Zielkonflikt weitgehend zugunsten der Sparer in ihren Schuldverschreibungen gelöst.

C. Das Einlagengeschäft

Die Hereinnahme von verzinslichen oder unverzinslichen Einlagen ist eine komplementäre Refinanzierungsform; sie war von jeher ein Nebengeschäft der Hypothekenbanken. Das Hypothekenbankgesetz gestattete im Laufe der Jahre das Einlagengeschäft in unterschiedlicher Höhe, und zwar:

von 1900-1923	bis zur Hälfte des Grundkapitals
von 1923-1930	ohne Begrenzung
von 1930-1962	bis zur Höhe des Grundkapitals
von 1963-1973	bis zur Hälfte des Grundkapitals und der in § 7 HBG ausgewiesenen Rücklagen
ab 1974	besteht eine spezielle quantitative Begrenzung nicht mehr.

Die Höhe der Einlagen wird lediglich kumulativ mit anderen Finanzierungsformen begrenzt.

Das Einlagengeschäft des § 5 Abs. 1 Nr. 4 HBG entspricht dem in § 1 Abs. 1 Nr. 1 KWG behandelten Bankgeschäft; es dient im Gegensatz zu den von der Bank aufgenommenen und als Nostroverpflichtungen ausgewiesenen (Global-)Darlehen überwiegend den Interessen der Einleger. Auf Einlagekonten bei Hypothekenbanken können Sichteinlagen, Einlagen mit vereinbarten Laufzeiten und Spareinlagen (i.S. der §§ 21 ff. KWG) gehalten werden. Entsprechend ihrer

Zweckbestimmung können diese Eigen- und Anderkonten sein.

Da den Hypothekenbanken ein eigenes Zweigstellennetz nicht zur Verfügung steht und damit die für diesen Geschäftszweig besonders wichtige Kundennähe fehlt, hat das Einlagengeschäft größenordnungsmäßig keine besondere Bedeutung. Gleichwohl haben Hypothekenbanken in den letzten Jahren seine Ausweitung versucht. So nehmen sie Spareinlagen, vor allem im Rahmen des Sparprämiengesetzes und des Vermögensbildungsgesetzes an.[102]

Darüber hinaus können auf Einlagen-Konten Zinserträge von Pfandbriefen und Kommunalschuldverschreibungen gutgeschrieben werden. Ein solches Verfahren dient nicht nur der Verbilligung und Vereinfachung der Zinsscheineinlösung, sondern auch der zweckbestimmten Ansammlung der Zinserträge mit dem Ziele einer künftigen Wiederanlage in Pfandbriefen. Auf diesem Wege kann eine wettbewerbsorientierte *Verbindung* zwischen *Kontensparen* und *Wertpapiersparen* geschaffen werden, die dazu beizutragen geeignet ist, die Erwerber von Pfandbriefen zu echten und dauerhaften Kunden der Hypothekenbanken zu machen. *Einlagen-Konten* bilden insoweit eine *Vorstufe für ein Wertpapierneugeschäft* vor allem mit privaten Sparern, zumal dann, wenn sparprämienbegünstigte Einlagen unter Wechsel der Sparform prämienunschädlich zum Ankauf von Pfandbriefen Verwendung finden.

Als Einlagen können auch Beträge verbucht werden, die zur teilweisen *Rückzahlung von Tilgungsdarlehen* bestimmt sind, aber betragsmäßig noch nicht ausreichen, um die Tilgungszeit unter Beibehaltung der bisherigen Annuitäten um ein Jahr oder mehrere Jahre zu verkürzen. Nach § 21 HBG brauchen Hypothekenbanken Rückzahlungen nur dann entgegenzunehmen, wenn diese Voraussetzung erfüllt ist.

Nicht als Einlagen im Sinne des § 5 Abs. 1 Nr. 4a HBG sind z.B. Guthaben anzusehen, die durch Gutschrift von Darlehensteilbeträgen auf Sperrkonto des Darlehensnehmers bereits vor Eintritt der Auszahlungsvoraussetzungen entstehen (Englische Buchungsmethode).

D. Die Aufnahme von Globaldarlehen

Globaldarlehen waren eine dem Hypothekenbankgeschäft zunächst wesensfremde Refinanzierungsform. Erst vom Jahre 1926 an wurde den Hypothekenbanken gestattet, Globaldarlehen bei der Deutsche Rentenbank-Kreditanstalt (Landwirtschaftliche Zentralbank) zum Zwecke der Hypothekengewährung aufzunehmen. Das Gesetz vom 5.8. 1950[103]) ließ befristet bis zum 31.12.1962 mit Zustimmung der Aufsichtsbehörde die Aufnahme von Globaldarlehen auch bei der Kreditanstalt für Wiederaufbau und bei anderen Kapitalsammelstellen zu. Die meisten Kreditinstitute, Sozialversicherungsträger, private Versicherungsunternehmen verfügten jedoch zu Beginn der fünfziger Jahre gemessen an der überdimensionalen Kreditnachfrage nur über verhältnismäßig geringe, für langfristige Ausleihungen an Hypothekenbanken geeignete Anlagemittel. So war die gesetzliche Ermächtigung praktisch vor allem für das Geschäft mit der Kreditanstalt für Wiederaufbau von echter kreditwirtschaftlicher Bedeutung. Sie stellte, worauf in anderem Zusammenhang bereits hinzuweisen war, als sog. Hauptleihinstitut des damaligen Bundesministeriums für den Marshallplan auch den Hypothekenbanken aus Gegenwertmitteln (ERP-Sondervermögen) zinsgünstige Darlehen für Zwecke der Finanzierung, insbesondere des sozialen Wohnungsbaus zur Verfügung, Es dauerte noch einige Zeit, bis sich die Auffassung durchsetzte, daß die Aufnahme von Globaldarlehen eine zweckmäßige Ergänzung der klassisch-konventionellen Refinanzierungsmöglichkeiten der Hypothekenbanken über den Verkauf ihrer Schuldverschreibungen bedeuten könnte. Erst seit dem 1.1.1963[104]) dürfen sie auf Grund der neu eingefügten Bestimmung des § 5 Abs. 1 Ziff. 7 HBG Darlehen bei allen Kapitalsammelstellen im In- und Ausland zum Zwecke der Gewährung von hypothekarischen Darlehen und Kommunaldarlehen aufnehmen und Sicherheiten für diese Darlehen bestellen. Auf die bis dahin erforderliche aufsichtsbehördliche Zustimmung wurde mit der Begründung verzichtet, daß „die Aufsichtsbehörde mit der von ihr verlangten Entscheidung regelmäßig überfordert sein würde[105]).“

Im Rahmen der Grenzen von § 5 Abs. 1 Nr. 4b HBG ist die Aufnahme von Globaldarlehen nunmehr nicht nur bei Kapitalsammelstellen, sondern auch bei anderen natürlichen und juristischen Personen im Inland und im Ausland zulässig.

Zu unterscheiden von der Aufnahme von Fremdmitteln über Globaldarlehen ist die Weiterleitung sog. öffentlicher Treuhandmittel ohne Eigenobligo der Hypothekenbanken, wie z.B. von nachrangigen Haushaltsmitteln im öffentlich geförderten Wohnungsbau in Niedersachen und Bremen sowie von bereits früher erwähnten Aufbaudarlehen für den Wohnungsbau aus Mitteln des Lastenausgleichsfonds.

E. Der Verkauf nicht deckungspflichtiger Schuldverschreibungen

Das Pfandbriefprivileg schloß bisher jede institutionelle Diversifikation auf dem Wertpapiersektor aus und zwang die Emissionspolitik der Hypothekenbanken in zementierte Refinanzierungskanäle. So wurde es von einem Sonderrecht zu einer geschäftspolitischen Fessel. Neben die *klassischen* Daueremittenten trat als neuer Daueremittent zunächst der Bund mit seinen Bundesschatzbriefen; Daueremissionen von Schatzbriefen der Länder folgten. Die Girozentralen hatten seit langem die Möglichkeit, sich die für ihre Darlehen notwendigen Mittel durch nicht deckungspflichtige, sog. „andere" Schuldverschreibungen zu beschaffen. Die Bausparkassen dürfen seit 1973 bis zu vier Jahren laufende Schuldverschreibungen ausgeben. Die Geschäftsbanken bedienen sich ihrer Sparbriefe als Refinanzierungsinstrumente. Erst die HBG-Novelle 1974 eröffnete den Hypothekenbanken eine neue Geldbeschaffungsmöglichkeit. Sie dürfen nunmehr gemäß § 5 Abs. 1 Nr. 4c HBG in einem durch die Genehmigungspraxis zu § 795 BGB auf das Eineinhalbfache des Eigenkapitals begrenzten Umfang *auf den Inhaber lautende, nicht deckungspflichtige Schuldverschreibungen* ausgeben.[106] Damit können sie insbesondere kurz- und mittelfristige Vor-, Zwischen- und Nachfinanzierungskredite, vorzeitige Auszahlungen von Endfinanzierungsmitteln für zweitrangige Beleihungen sowie Tilgungsstreckungsdarlehen refinanzieren. Diese Möglichkeit bedeutet für ihr Passivgeschäft eine längst fällige gesetzliche *Wettbewerbsbegradigung* gegenüber anderen Emittentengruppen. Auf Empfehlung des Finanzausschusses des Bundestages zum Regierungsentwurf der HBG-Novelle 1974 wird „das Bundesaufsichtsamt für das Kreditwesen die Hypothekenbanken verpflichten, bei der Ausgabe von nicht deckungspflichtigen Schuldverschreibungen die Sparer darauf hinzuweisen, daß diese Papiere nicht durch Hypotheken oder Kommunaldarlehen — wie sonst bei Hypothekenpfandbriefen — gedeckt sind[107]."

Eine *Aufklärungspflicht* über die (evtl. rechtlich abgestufte) Bonität ihrer Schuldverschreibungen sollte für alle Institutsgruppen selbstverständlich sein und bedurfte daher nicht notwendigerweise aufsichtsbehördlicher Anordnungen im Hypothekenbankbereich.

Es bleibt abzuwarten, ob und inwieweit die nicht deckungspflichtigen Schuldverschreibungen bereits bestehende *Marktspaltungen* im Emissionsgeschäft von Pfandbriefen und Kommunalschuldverschreibungen einerseits und von Inhaber- und Namenspapieren andererseits verstärken. Wenn ihre Emissionsrendite über der, insbesondere laufzeitmäßig vergleichbarer, deckungspflichtiger Schuldverschreibungen liegen sollte, ist die Möglichkeit einer Verteuerung der über sie refinanzierbaren Darlehen nicht auszuschließen.

Hinsichtlich der Ausstattung dieses für sie neuartigen Schuldverschreibungstyps im einzelnen werden die Hypothekenbanken noch Erfahrungen sammeln müssen. In der Fristigkeit werden die Papiere eher Kassenobligationen als Pfandbriefen ähneln. Von den an ihnen interessierten Käufergruppen wird es abhängen, ob effektive Stücke ausgedruckt oder ob — vor allem im Großgeschäft — auf einen Druck von Einzelurkunden verzichtet wird und Dauerglobalurkunden bei Kassenvereinen hinterlegt werden.

Gemäß § 1 Nr. 1 der Verordnung über die Mündelsicherheit der Pfandbriefe und verwandten Schuldverschreibungen vom 7.5.1940 dürften auch nicht deckungspflichtige Schuldverschreibungen mündelsicher und auf Grund des zur Zeit noch geltenden § 68 VAG auch deckungsstockfähig sein.[108] Ihre Zulassung zum geregelten Freiverkehr an der Börse

verstärkt ihre Fungibilität und dient damit der Absatzförderung. Erste Börseneinführungen sind bereits erfolgt.

VII. DIE STAATLICHE AUFSICHT

A. Entwicklung

Wie alle Kreditinstitute unterliegen auch die Hypothekenbanken der allgemeinen Bankenaufsicht nach den Bestimmungen des Gesetzes über das Kreditwesen (KWG) vom
10. Juli 1961.[109] Zudem gelten für sie die besonderen
Aufsichtsregeln des Hypothekenbankgesetzes, das schon
lange vor der Einführung einer allgemeinen Bankenaufsicht
eine sog. *Sonderaufsicht* über Hypothekenbanken begründet
hatte. Seinem Inkrafttreten am 1. Januar 1900 gingen
landesrechtliche Aufsichtsbestimmungen voran, die wie die
bereits in anderem Zusammenhang (III. A. 1) erwähnten
preußischen *Normativbestimmungen* bis in die 60er Jahre
des vorigen Jahrhunderts zurückreichen. Die *allgemeine
Bankenaufsicht* ist demgegenüber erst relativ spät, nämlich
in einer vorläufigen Form durch mehrere Notverordnungen
des Reichspräsidenten aus dem Jahre 1931 und später
durch das Reichsgesetz für das Kreditwesen vom 5. Dezember 1934 (RGBl. I S. 1203) eingeführt worden.
Der Vollzug der Sonderaufsicht oblag ursprünglich jeweils
dem Bundesstaat, in dem die Hypothekenbank ihren Sitz
hatte. 1934, also gleichzeitig mit der Übertragung der
zentralen Bankenaufsicht auf das damals bei der Reichs-
bank neu gebildete Aufsichtsamt für das Kreditwesen, wurde
die Hypothekenbankaufsicht beim Reichswirtschaftsmini-
sterium zusammengefaßt. Nachdem die Sonderaufsicht nach
dem letzten Krieg wieder den gleichzeitig für die allgemeine
Bankenaufsicht zuständig gewordenen Bundesländern zu-
gefallen war, ging auch sie am 1.1.1962 mit dem Inkrafttreten des Kreditwesengesetzes 1961 bei der erneuten
Zentralisierung der Bankenaufsicht auf das Bundesaufsichtsamt für das Kreditwesen in Berlin über. Mit der
Neufassung des Hypothekenbankgesetzes vom 5.2.1963
wurde die zumindest rechtlich ununterbrochen fortdau-
ernde Trennung der Hypothekenbankaufsicht von der allgemeinen Bankenaufsicht endgültig beseitigt. Seither unterliegen die Hypothekenbanken der allgemeinen Bankenaufsicht, allerdings nach Maßgabe der besonderen Bestimmungen des Hypothekenbankgesetzes.

B. Besonderheiten der Aufsicht über Hypothekenbanken[110)]

Die Hypothekenbankaufsicht hat trotz der Änderungen des Aufsichtsrechts ihre Besonderheiten nicht verloren. Die allgemeine Aufsicht nach den Bestimmungen des Kreditwesengesetzes beschränkt sich im wesentlichen darauf, die Einhaltung von Mindestanforderungen an die Ausstattung der Kreditinstitute mit Eigenkapital und Liquidität sowie an die Eignung der Geschäftsleiter zu überwachen. Mit Hilfe weniger im Kreditwesengesetz aufgezählter Aufsichtsmittel soll bei Erhaltung der vollen unternehmerischen Freiheit sichergestellt werden, daß möglichen Gefahren für die einer Bank anvertrauten Gelder rechtzeitig — etwa durch genügende Kreditsteuerung und Bildung von Wertberichtigungen oder Rückstellungen — vorgebeugt wird. Das Kreditwesengesetz enthält insbesondere keine Bestimmungen darüber, welche Anforderungen an die von einem Kreditinstitut betriebenen Geschäfte zu stellen sind, sofern nur bestimmte allgemeine Ordnungsbestimmungen und Sorgfaltspflichten beachtet werden. Die Hypothekenbankaufsicht geht hierüber weit hinaus. Für den Bereich der *Deckungsdarlehen* — also nahezu für das gesamte Geschäft der Hypothekenbanken — schließt sie die Beurteilung und Kontrolle der Kreditpolitik, darüber hinaus sogar die Befugnis zur Überwachung einzelner Kreditentscheidungen ein. Während sich die Aufsichtsbehörde nach dem Kreditwesengesetz mit der Feststellung begnügen kann, daß das Kreditgeschäft beispielsweise keine ungedeckten Risiken erkennen lasse, muß sie nach dem Hypothekenbankgesetz darüber wachen, ob die Deckungskredite *bestimmten grundsätzlichen Bonitätsanforderungen* genügen, ob die *Sicherheiten den gesetzlichen Vorschriften entsprechen* und ob vor allem die *Kriterien*, die die Bank bei der Entscheidung über einen Darlehensantrag zugrunde legt, *formal unbedenklich und wirtschaftlich vernünftig* sind. Das folgt aus den im Abschnitt über das Deckungsprinzip näher erläuterten Anforderungen insbesondere der §§ 10-12 HBG. Den Hypothekenbanken wird für ihr Hypothekargeschäft eine bestimmte Qualität der Sicherheiten vorgeschrieben, die die Aufsichtsbehörde, z.B. durch die Genehmigung von Wertermittlungsanweisungen, vor allem aber durch die intensive Kontrolle des Darlehensgeschäfts zu überwachen hat.

Der Unterschied der Aufsichtstätigkeit folgt aber auch aus der gesetzlichen Beschränkung des Geschäftskreises der Hypothekenbanken. Das Kreditwesengesetz stellt jedermann frei, jedes beliebige Bankgeschäft zu betreiben, sofern er die nur auf Grund subjektiver Gegebenheiten (z.B. mangelnde Eignung oder Zuverlässigkeit, zu geringes haftendes Eigenkapital) versagbare oder einschränkbare Erlaubnis nach § 32 KWG besitzt. Die Aufsicht über die Hypothekenbanken schließt dagegen die laufende Kontrolle über die Beachtung der aus dem Spezialitätsprinzip erwachsenden Einschränkungen des Geschäftskreises und die Befugnis ein, bei Verletzung des gesetzlichen Tätigkeitsrahmens durch *Anordnungen* in den Geschäftsbetrieb der Bank einzugreifen.

C. Anordnungen der Aufsichtsbehörde

Nach § 4 HBG steht der Aufsichtsbehörde die Befugnis zu, „alle Anordnungen zu treffen, welche erforderlich sind, um den Geschäftsbetrieb der Bank mit den Gesetzen, der Satzung und den sonst in verbindlicher Weise getroffenen Bestimmungen in Einklang zu halten." Das der allgemeinen Bankenaufsicht zur Verfügung stehende Instrumentarium beschränkt sich dagegen — abgesehen von den Kontrollbefugnissen (Auskunfts- und Prüfungsrechten, Anzeigepflichten der Banken) — auf die wenigen im KWG abschließend aufgezählten Maßnahmen. Zu ihnen gehören die Abberufung ungeeigneter oder unzuverlässiger Geschäftsleiter, die Verbote, Kredite zu gewähren, Einlagen hereinzunehmen oder Gewinne auszuschütten und schließlich die Rücknahme der Erlaubnis; es umfaßt jedoch nicht die Befugnis, gestaltende Eingriffe in das innere Gefüge einer Bank oder den Ablauf ihrer Geschäftstätigkeit vorzunehmen. Gerade *dies* aber ist nach § 4 HBG *zulässig*, wenn es in anderer Weise nicht möglich erscheint, Gefahren vorzubeugen, die insbesondere die Sicherheit der von Hypothekenbanken ausgegebenen Schuldverschreibungen bedrohen.

Unter welcher Voraussetzung und in welcher Weise die Aufsichtsbehörde von ihrer Befugnis Gebrauch macht, ist nach den Verhältnissen im Einzelfall zu beurteilen. Die Aufsichtsbehörde wird ihre Entscheidung darüber, ob sie eine Anordnung treffen und welchen Inhalt sie ihr geben will, vor allem von einer sorgfältigen Prüfung der *Angemessenheit* möglicher Maßnahmen unter Berücksichtigung der gesetzlichen Voraussetzungen (Erforderlichkeit, um den Geschäftsbetrieb mit den Gesetzen, der Satzung und den sonstigen verbindlichen Bestimmungen in Einklang zu halten) abhängig machen.

Die Befolgung ihrer Anordnungen kann die Aufsichtsbehörde gemäß § 50 KWG mit Zwangsmitteln nach den Bestimmungen des Verwaltungsvollstreckungsgesetzes vom 27.4.1953, d.h. durch Ersatzvornahme, Zwangsgeld und unmittelbaren Zwang durchsetzen. Das Bundesaufsichtsamt hat sich bisher darauf beschränken können, seine Befugnis nach § 4 HBG nur insoweit auszuüben, als es einer schon auf die Tätigkeit der preußischen Hypothekenbankaufsicht zurückgehenden Tradition folgend in regelmäßigen Zeitabständen sog. *Deckungsprüfungen* bei den Hypothekenbanken durchführen läßt. Sie sollen darüber Aufschluß geben, ob die während des Prüfungszeitraums gewährten Deckungsdarlehen den Anforderungen des Hypothekenbankgesetzes an die Deckungsfähigkeit genügen, ob die *Kreditpolitik* den unter dem Gesichtspunkt einer langfristigen Kapitalbindung zu beurteilenden Sicherheitsanforderungen entspricht und ob insbesondere die Bestimmungen der §§ 11 und 12 HBG über die *Beleihungsgrenze* und den *Beleihungswert* unter Beachtung der nach § 13 HBG von der Aufsichtsbehörde genehmigten Wertermittlungsanweisungen eingehalten wurden. Die Prüfungen umfassen auch die Ordnungsmäßigkeit des *Deckungsregisters*, die Vorschriftsmäßigkeit der Ersatzdeckung usw. Zu weitergehenden förmlichen Anordnungen, z.B. die Anwendung eines bestimmten Wertermittlungsverfahrens vorzuschreiben oder zu untersagen oder eine Bank anzuweisen, nicht ordnungsgemäße Deckungswerte durch geeignete zu ersetzen bzw. den Schuldverschreibungsumlauf entsprechend zu kürzen, hat das Bundesaufsichtsamt bisher keinen Anlaß gehabt.

D. Die Grenzen der Aufsicht

Es wäre verfehlt, aus den weitreichenden Aufsichtsbefugnissen und der entsprechend intensiven Beaufsichtigung auf ein risikoloses Darlehensgeschäft der Hypothekenbanken zu schließen. Gewiß ist das Hypothekenbankgesetz darauf angelegt, die Entstehung von Risiken — jedenfalls im Deckungsgeschäft — zu verhindern; auch die Hypothekenbankaufsicht strebt den *Risikoausschluß* und nicht — wie die allgemeine Bankenaufsicht — nur die *Risikovorsorge* an. Daß sie dieses Ziel niemals ganz erreichen kann, liegt schon daran, daß die Aufsichtsbehörde trotz allem nur *beschränkt Einblick* in die Geschäfte der Hypothekenbanken hat. Ihre eigenen Feststellungen, die sich etwa im Rahmen der Deckungsprüfungen ergeben, können sich immer nur auf Stichproben erstrecken. Im übrigen ist sie auf die Angaben angewiesen, die die Banken selbst auf Grund allgemeiner Anzeigepflichten bzw. auf Anforderung machen, oder die sich aus den Feststellungen beispielsweise der Jahresabschlußprüfer ergeben. Die Gefahr von unbeabsichtigten, aber auch von beabsichtigten Täuschungen läßt sich nicht ausschließen.

Die Aufsichtsbehörde ist ferner ebensowenig wie die Banken imstande, wirtschaftliche Entwicklungen über längere Zeiträume im voraus zu beurteilen. Bei einem Kreditgeschäft, dessen Laufzeiten 30 bis 40 Jahre betragen können und das den Verhältnissen an vielen örtlichen Grundstücksteilmärkten Rechnung zu tragen hat, müssen Prognosen über die Bonität eines Kreditengagements in hohem Grad unsicher sein; dies gilt auch dann, wenn sie den Grundsätzen des Hypothekenbankgeschäfts entsprechend nicht an Wachstumserwartungen und der Spekulation auf Wertsteigerungen, sondern an vorsichtig ausgewerteten allgemeinen Erfahrungen orientiert sind. Schließlich ist zu berücksichtigen, daß kreditpolitische Fehlentscheidungen infolge des Kumulationseffektes, der sich aus der für das Hypothekenbankgeschäft typischen Beurteilung des Beleihungswertes nach allgemeinen Grundsätzen ergibt, zu langfristig nachwirkenden Schäden an der Gesamtstruktur des Darlehensbestandes führen können. So ist es eigentlich selbstverständlich, daß Bankenaufsicht auch nach den Bestimmungen des Hypothekenbankgesetzes keine *Sicherheits-garantie* darstellen kann.

Zu den tatsächlichen Grenzen ihrer Wirksamkeit kommen *rechtliche Beschränkungen der Aufsicht.* Weder die allgemeinen Bestimmungen des KWG, noch die besondere Aufsichtsermächtigung des § 4 HBG gestatten es der Aufsichtsbehörde, in der Weise in den Geschäftsbetrieb einer Hypothekenbank einzugreifen, daß sie letzten Endes *selbst* geschäftlich tätig wird. Die Entscheidung darüber, wem beispielsweise gegen welche Sicherheit Kredit gewährt wird, kommt allein der Bank zu. Selbst ein Verstoß gegen die Bestimmungen der Aufsichtsgesetze und gegen Anordnungen der Aufsichtsbehörde stände der Wirksamkeit von rechtsgeschäftlichen Erklärungen einer Bank nicht entgegen.

Die Aufsichtsbehörde hat sich darauf zu beschränken, mit den ihr gesetzlich eingeräumten Mitteln über die allgemeine Ordnungsmäßigkeit des Geschäftsbetriebes zu wachen. Sie gewährt keine Kredite, entscheidet nicht über die Höhe von Zinsen und betreibt keine Zwangsversteigerungen. Ihr stehen weder bankgeschäftliche Befugnisse unmittelbar selbst zu, noch darf sie sie durch Weisungen an die Geschäftsleiter der Bank an sich ziehen. Auch Anordnungen nach § 4 HBG dürfen sich nur gegen Mängel des *Geschäftsbetriebes,* also nicht einzelner Geschäftsvorfälle richten. Besonders deutlich wird die Beschränkung der Aufsicht auf eine nur *mittelbare Beeinflussung* des Geschäftsbetriebes, wenn ein bestimmtes Verhalten der Bank rechtswidrig ist und z.B. zu Schädigungen eines Bankkunden führt. Die Bankenaufsicht kann daraus möglicherweise den Schluß auf Unzuverlässigkeit oder mangelnde Eignung des Bankvorstandes ziehen und die für diesen Fall im KWG vorgesehenen Maßnahmen ergreifen. Sie mag ferner bei Hypothekenbanken zu Anordnungen berechtigt sein, die notwendige *allgemeine* Vorkehrungen gegen Wiederholungen zum Gegenstand haben. Sie hat jedoch *keine Möglichkeit,* der Bank *im Einzelfall Weisungen zu erteilen* und ihr ein bestimmtes Verhalten vorzuschreiben.

Bei den meisten *Beschwerden* über Hypothekenbanken, die an das Bundesaufsichtsamt für das Kreditwesen gerichtet sind, wird das verkannt. Diese Behörde ist nicht befugt, Maßnahmen gegen eine Bank zu ergreifen, um sie z.B. an der Vollstreckung einer Forderung zu hindern oder sie zu einem Verzicht auf einen Anspruch zu zwingen. Sie könnte dies selbst dann nicht, wenn sie Bedenken etwa gegen die zivilrechtliche Begründetheit des Anspruchs der Bank hätte. Wie in allen Lebensbereichen ist bei derartigen Auseinandersetzungen, namentlich bei Streitigkeiten über den Inhalt vertraglicher Beziehungen, allein die Zuständigkeit des nach der Art des Streitgegenstandes in Frage kommenden Gerichts gegeben. Der Rechtsweg wird den Hypothekenbanken ebensowenig wie anderen Kreditinstituten durch das besondere Aufsichtsrecht verschlossen.

VIII.
RECHNUNGSLEGUNG UND INNERBETRIEBLICHE ORGANISATION

A. Die Rechnungslegung

1. Bilanz

a) Gliederung

Die Bilanz einer Hypothekenbank, die den Stand ihres Vermögens zum Jahresende darstellt, ist wie bei allen Kreditinstituten nach strengen Vorschriften aufzustellen. Sie ist nach einem *Formblatt* zu gliedern, das auf der Grundlage des § 24 Abs. 2 HBG durch Rechtsverordnung vorgeschrieben wurde.[111] Das Gliederungsschema nach § 151 AktG gilt nicht.

Die Anwendung des Formblatts, also die Einordnung der einzelnen Vermögenswerte und Verbindlichkeiten in das Gliederungsschema, erfolgt nach Bilanzierungsrichtlinien, die das Bundesaufsichtsamt erlassen hat.[112] Dem Schwergewicht des Hypothekenbankgeschäfts entsprechend sind zunächst auf der Aktivseite die langfristigen, mit einer Anfangslaufzeit von mindestens vier Jahren ausgestatteten Forderungen aus dem Hypothekar- und Kommunalkreditgeschäft, auf der Passivseite die langfristigen Finanzierungsmittel (bereits umlaufende oder noch zu liefernde Schuldverschreibungen sowie langfristig aufgenommene Darlehen) darzustellen. Danach folgen unter den Vermögenswerten die liquiden und leicht zu verflüssigenden Aktiva bzw. auf der Passivseite die kurz- und mittelfristigen Verbindlichkeiten aus Einlagen und aus der Geldaufnahme. Als Teile des Anlagevermögens sind im wesentlichen nur die auf der Aktivseite ausgewiesenen Beteiligungen und Grundstücke von meist geringem Wert zu erwähnen. Die Passivseite schließt nach Rückstellungen und Wertberichtigungen — letztere werden allerdings im allgemeinen, auch soweit sie das Kreditgeschäft betreffen, nicht hier ausgewiesen, sondern von den Kreditforderungen auf der Aktivseite abgesetzt — mit der Darstellung des haftenden Eigenkapitals und des Bilanzgewinns.

b) Die Rechnungsabgrenzung nach § 25 HBG

Sie stellt eine Eigenart des Bilanzierungsrechts der Hypothekenbanken dar. Darlehensforderungen und Schuldverschreibungen der Pfandbriefinstitute sind jeweils in Höhe ihres Nennwertes zu tilgen, obwohl im allgemeinen Abschläge bei der Darlehensauszahlung (Darlehensdamnum) und beim Pfandbriefverkauf (Pfandbriefdisagio) vorgenommen werden. Sie bilden in Verbindung mit der Laufzeit-(Tilgungs-)komponente und dem Nominalzins des Darlehens bzw. der zur Refinanzierung herangezogenen Pfandbriefe die effektiven Zinssätze. Damnum- und Disagiobeträge stellen damit Zinserträge (vgl. V A. 3) bzw. Zinsaufwendungen dar; sie entstehen bereits im Zeitpunkt der Darlehensauszahlung oder des Pfandbriefverkaufs und sind ein Teil des Entgelts für die langfristige Überlassung von Kapital. So ist auch der Betrag, um den die Darlehensdamnen die Pfandbriefdisagien übersteigen, ein vorweggenommener Teil des künftigen laufenden Zinsüberschusses, soweit er nicht zum Ausgleich der mit dem Erwerb der Hypotheken und der Pfandbriefausgabe verbundenen unmittelbaren Kosten benötigt wird. Nach § 25 HBG dürfen die Darlehensforderungen und müssen die Schuldverschreibungen trotz der entstandenen Kursabschläge zum Nennwert bilanziert werden. Um zu verhindern, daß die als Dauerertrag benötigten Darlehensdamnen bei dieser von allen Hypothekenbanken angewandten Art der Bilanzierung bereits im Jahr der Darlehensauszahlung gewinnerhöhend voll vereinnahmt werden, ist nach § 25 HBG die Bildung eines Ausgleichspostens auf der Passivseite der Bilanz, d.h. eines *Rechnungsabgrenzungspostens* vorgeschrieben. In ihn sind 1/2 v.H. des Darlehensnennbetrages sowie — vereinfacht dargestellt — 4/5 der Damnen einzustellen. Die Auflösung ist hinsichtlich des erstgenannten Betrages über die gesamte jeweilige Darlehenslaufzeit zu verteilen; im übrigen darf sie innerhalb der folgenden vier Jahre vorgenommen werden. Das allgemeine aktienrechtliche Bilanzierungsprinzip der laufzeitproportionalen Abgrenzung ist also insoweit durchbrochen. Korrespondierend mit der Abgrenzung der Damnen und im Hinblick auf die notwendige Kongruenz zwischen Aktiv- und Passivgeschäft ist eine entsprechende Rechnungsabgrenzung insbesondere auch der Disagien zulässig und üblich. Sie dürfen abweichend von § 156 Abs. 2 AktG ebenfalls nur mit 4/5 in die Aktivseite der Bilanz eingestellt werden und sind dann bereits in den folgenden vier Jahren zeitanteilig aufzulösen.

§ 25 Abs. 3 HBG erlaubt, die aktivischen und passivischen Rechnungsabgrenzungsposten zu saldieren und — da die Damnen die Disagien normalerweise übersteigen — lediglich einen Rechnungsabgrezungsposten auf der Passivseite der Bilanz auszuweisen. Aus den Veränderungen dieses Betrages lassen sich Rückschlüsse auf den Geschäftsablauf und die Geschäftspolitik einer Hypothekenbank ziehen. Wenn beispielsweise eine erhebliche Zunahme des passivischen Rechnungsabgrenzungspostens eingetreten ist, so kann dies auf für die Bank besonders günstige Bedingungen im Darlehensgeschäft oder bei der Refinanzierung hindeuten; es kann aber auch ein Anzeichen einer zu Lasten der laufenden Zinsspanne herbeigeführten Erhöhung der Damnumerträge sein. Dagegen kann ein Rückgang des passivischen Rechnungsabgrenzungspostens in einer bei starkem Neugeschäft oder aus anderen Gründen eintretenden Verzögerung bei der Auszahlung der Darlehen infolge des Überwiegens der Pfandbriefdisagien begründet sein. Der Ausgleich erfolgt in diesem Fall erst mit den bei Darlehensauszahlung anfallenden Damnumerträgen.

c) Eigene Schuldverschreibungen, Pensionsgeschäfte

Eine weitere Eigenart der Hypothekenbankbilanz besteht darin, daß zurückgekaufte Schuldverschreibungen in den *Eigenbestand* genommen und weiter unter den begebenen Schuldverschreibungen auf der Passivseite bilanziert werden dürfen, sofern die Bank davon absieht, die Stücke dem Treuhänder zur Vernichtung zurückzugeben.

Wie alle Pfandbriefinstitute geben auch die Hypothekenbanken größere Emissionsbeträge mit der Verpflichtung aus, sie vor Fälligkeit zurückzuerwerben (vgl. VI B 2). Derartige, oft nicht ganz zutreffend als *Pensionsgeschäfte* bezeichnete Refinanzierungen stimmen laufzeitmäßig häufig nicht mit den korrespondierenden Darlehensgeschäften überein. Bei

ihrer Fälligkeit entsteht dann die Notwendigkeit einer An-
schlußrefinanzierung, die Liquiditäts- und Rentabilitäts-
probleme mit sich bringen kann. Die gleichen Folgen sind
mit der Mittelbeschaffung durch Ausgabe von Schuldverschreibungen mit unterkongruent kurzen Laufzeiten verbunden. Um derartige Risiken offenzulegen, sind alle
innerhalb der nächsten vier Jahre fälligen oder zurückzu-
nehmenden Schuldverschreibungen bei den *begebenen
Schuldverschreibungen* zu vermerken.

d) Stille Reserven

Die Bewertung der Aktiva, die im übrigen grundsätzlich
nach den Bestimmungen der §§ 153 ff. AktG zu erfolgen
hat, ist durch die für alle Kreditinstitute geltenden Besonderheiten gekennzeichnet, daß nach § 26a Abs. 1 KWG
Forderungen und Wertpapiere des Umlaufvermögens unter-
bewertet werden dürfen, soweit dies nach vernünftiger
kaufmännischer Beurteilung zur Sicherung gegen die besonderen Risiken der Kreditinstitute notwendig ist. Damit
ist im Hinblick auf die Gefahren, die einer Hypothekenbank
und ihren Gläubigern bei Vertrauenskrisen infolge des
Bekanntwerdens von Verlusten drohen können, die Möglichkeit eröffnet, stille Reserven zu bilden.

2. Gewinn- und Verlustrechnung

Die Gewinn- und Verlustrechnung zeigt zunächst das
Ergebnis der Hauptgeschäfte, nämlich die Aufwendungen
für die Verzinsung der Schuldverschreibungen und der aufgenommenen Darlehen sowie die Erträge aus Hypotheken
und Kommunaldarlehen. Eine Gegenüberstellung dieser
beiden Posten allein ergäbe aber nicht immer ein zutreffen-
des Bild des *langfristigen* Zinsüberschusses. Denn neben
den Zinsen aus Hypotheken und Kommunaldarlehen schla-
gen sich insbesondere dann, wenn die Hypothekenbanken
in Zeiten starker Bautätigkeit in größerem Umfang Darlehen zugesagt und refinanziert haben, mangels ausreichen-
den Baufortschritts oder aus anderen Gründen, z.B. wegen

grundbuchlicher Eintragungshindernisse, zur Auszahlung aber noch nicht imstande sind, erhebliche Erträge in dem Posten „Andere Zinsen und zinsähnliche Erträge" nieder. Da sie lediglich das Ergebnis einer Zwischenanlage, insbesondere von Pfandbrieferlösen darstellen, handelt es sich im Grunde um Erträge, denen der Zinsaufwand für Schuldverschreibungen gegenübersteht.

Andererseits pflegen diese *„anderen Zinsen"* — wie in den Jahren nach 1965 — dann besonders hoch zu sein, wenn das langfristige Darlehensgeschäft wegen eines durch ungünstige Verhältnisse am Kapitalmarkt bedingten hohen Nominalzinssatzes eine nur geringe Zinsspanne zuläßt, eine ebenfalls angespannte Geldmarktsituation jedoch zeitweilig eine überdurchschnittlich günstige Verzinsung der Zwischenanlagen ermöglicht. Dies kann durch Phasenverschiebungen zwischen Mittelbeschaffung und Darlehensauszahlungen noch gefördert werden. Hohe Geldmarktzinsen bewirken eine atypische Ertragsentwicklung und verdecken bei einer Hypothekenbank die echte Ertragskraft. Denn diese bestimmt sich maßgeblich danach, ob nachhaltig ein ausreichender Zinsüberschuß aus dem langfristigen Geschäft, d.h. aus dem Bestand an ausgezahlten Darlehen erwirtschaftet wird.

Bei der Wertung der Gewinn- und Verlustrechnung einer Hypothekenbank ist im übrigen zu berücksichtigen, daß im Zusammenhang mit dem Vorhandensein stiller Reserven ein Teil der Aufwendungen und Erträge *nicht sichtbar* wird. So dürfen unterbewertete Schuldverschreibungen aus dem Eigenbestand verkauft bzw. eingelöst oder eine freiwillig gebildete Pauschalwertberichtigung aufgelöst werden, ohne daß die entstehenden außerordentlichen Erträge sichtbar werden, solange sie etwa zur Bildung einer notwendig gewordenen Einzelwertberichtigung eines ausfallbedrohten Kredits oder für Abschreibungen auf fremde oder eigene Wertpapiere Verwendung finden; denn vor dem Ausweis in der Gewinn- und Verlustrechnung werden die entsprechenden Erträge und Aufwendungen „kompensiert".

3. Geschäftsbericht

Für den Inhalt des Geschäftsberichts trifft § 160 AktG mit Ausnahme seines zweiten Absatzes, der nach § 26a Abs. 2 KWG auf Kreditinstitute nicht anzuwenden ist, maßgebliche Bestimmungen. Der Bericht soll die *Lage der Gesellschaft* und den Geschäftsverlauf erläutern, die wesentlichen „Personalien" der Bank darstellen und insgesamt „den Grundsätzen einer gewissenhaften und getreuen Rechenschaft" entsprechen. Für die Hypothekenbanken gelten insoweit Besonderheiten, als § 28 HBG zusätzliche Angaben vorschreibt, die Rückschlüsse auf die *Bonität des Darlehensgeschäfts* und die Refinanzierungsstruktur zulassen. Als Beispiel sei erwähnt, daß im Geschäftsbericht die Zahl der anhängigen oder im Geschäftsjahr durchgeführten Zwangsversteigerungs- und Zwangsverwaltungsverfahren anzugeben ist. Auch die Zahl der Fälle, in denen die Bank Grundstücke zur Verhütung von Verlusten aus Hypotheken hat übernehmen müssen sowie der Gesamtbetrag dieser Hypotheken und die Verluste oder Gewinne, die bei Wiederverkauf der Grundstücke eingetreten sind, müssen genannt werden. Aus diesen Angaben können sich Hinweise auf die Beleihungspolitik im allgemeinen sowie auf die mögliche Höhe latenter Risiken im Darlehensbestand einer Hypothekenbank ergeben. Deshalb wäre es im Hinblick auf den Sinn des § 28 HBG rechtlich nicht unbedenklich, wenn eine Hypothekenbank von dieser Berichterstattung nur deshalb absehen wollte, weil sie das Grundstück nicht selbst erworben und später veräußert, sondern sich hierzu eines Strohmannes oder einer von ihr beherrschten Auffanggesellschaft bedient hätte.

B. Innerbetriebliche Organisation

Unbeschadet der oben (III B 1) angesprochenen Trennung zwischen Bank- und Hypothekenabteilungen bei gemischten Hypothekenbanken, beruht eine Darstellung der innerbetrieblichen Organisation im Hypothekenbankbereich mehr auf dem Versuch einer sachbezogenen, rationellen Gliederung als auf allgemeingültigen Gliederungsschemen.

1. Börsen- und Wertpapierabteilung

Der Kassenverkehr einer Hypothekenbank hat bei der Ausweitung des bargeldlosen Zahlungsverkehrs weitgehend an Bedeutung verloren. *Scheck- und Überweisungsverkehr* (§ 5 Abs. 1 Nr. 6 HBG) werden vornehmlich von einer auch bei einer Hypothekenbank bestehenden Bank- oder Kontokorrent-Buchhaltung abgewickelt. Verkaufs- und Kaufaufträge in *eigenen Emissionen* und *Kommissionsgeschäfte* in sonstigen Wertpapieren (§ 5 Abs. 1 Nr. 3 HBG) werden im wesentlichen durch die Wertpapierabteilung, zunehmend maschinell, bearbeitet. Die Ausnutzung moderner Rechenanlagen gestattet auch bei Hypothekenbanken eine automatisierte und damit vereinfachte Abwicklung von Wertpapiergeschäften. Auszählung und Kontrolle der zu den Fälligkeitsterminen einzulösenden Zinsscheine werden heute vielfach maschinell durchgeführt.

Für die Buchführung des *Depotgeschäfts* enthält die Anlage 2 der Bekanntmachung des Bundesaufsichtsamtes für das Kreditwesen über Art, Umfang und Zeitpunkt der Depotführung vom 16.12.1970 (BAnz. Nr. 239 vom 23.12.1970) unter Nr. 12 auch für Hypothekenbanken geltende Bestimmungen. Diese schreiben u.a. die Führung sowohl eines nach Hinterlegern geordneten *Verwahrungsbuches* (persönliches Depotbuch) sowie eines nach Wertpapierarten aufgegliederten *Depotbuches* (sachliches Depotbuch) vor. Diese Depotbücher sind nach den Grundsätzen ordnungsmäßiger Buchführung zu führen. Entsprechendes gilt für eine maschinelle Depotbuchführung im Wege einer elektronischen Datenverarbeitung (EDV). In einer Arbeitsanweisung sind die organisatorischen Maßnahmen niederzulegen. Die maschinelle Gutschrift von Zinserträgen aus den im Depot befindlichen Wertpapieren (§ 5 Abs. 1 Nr. 5 HBG) wird nicht nur zum Zwecke ihrer Wiederanlage in bankeigenen Schuldverschreibungen, sondern auch aus Rationalisierungsgründen angestrebt.

Unter Verwendung von EDV-Systemen kann das Passivgeschäft transparent gestaltet werden, wenn zumindest die wesentlichsten Geschäftsvorfälle, wie Absatz von Schuldverschreibungen, Aufnahme von Globaldarlehen, Fälligkeiten von Tilgungen und Zinsen erfaßt werden.

Funktionsbereiche der Wertpapier- bzw. Börsenabteilungen der Hypothekenbanken sind schließlich auch der Druck neuer Emissionen und Zinsscheine, die Erfassung und Abführung der Börsenumsatzsteuer, die Zulassung neuer Serien zum Börsenhandel und zum Lombardverkehr der Deutschen Bundesbank sowie andere mit der Mittelbeschaffung für die Gewährung von Darlehen zusammenhängende Vorgänge.

2. Darlehensabteilung

In dem *Organisationsschema* einer Hypothekenbank werden funktional zumeist alle Arbeitsvorgänge in einer Abteilung zusammengefaßt sein, die sich mit dem Aktivgeschäft in seinen vielfältigen Abwicklungsstufen befassen. Von der Werbung für das Darlehensgeschäft über die Antragsbearbeitung, die Darlehensbewilligung und -auszahlung bis zur laufenden Überwachung der Zahlungseingänge und zur Bearbeitung von Zwangsverwaltungen und -versteigerungen bei notleidenden Darlehen spannt sich ein weiter Bogen von Einzelzuständigkeiten und -aufgaben. Ihre sachbezogene Einordnung in den Gesamtaufbau einer Bank bleibt institutsindividuellen, auf Zweckmäßigkeitsüberlegungen beruhenden Entscheidungen vorbehalten. Daher lassen sich allgemeingültige Kriterien für eine Zuordnung einzelner Arbeitsabläufe zu bestimmten Abteilungen nicht aufstellen. Eine mannigfache Aufgliederung ist denkbar, z.B. in Neu- und Altgeschäft, Darlehensauszahlungen sowie Durchführung von Mahnwesen und Zwangsmaßnahmen.

Insbesondere für die Zuständigkeiten bei der *Darlehensbewilligung* bestehen bei den Hypothekenbanken organisatorische Unterschiede. Insoweit wird die Entscheidungsbefugnis zumeist größenordnungsmäßig differenziert, bei Großkrediten meist dem Gesamtvorstand vorbehalten.

Häufig werden *Arbeits-* oder *Kreditbewilligungsausschüsse* aus der Mitte des *Aufsichtsrates* nach § 107 Abs. 3 AktG gebildet. Ihre Funktionen sind unterschiedlich. Selbst wenn sie an der Kreditentscheidung gestaltend mitwirken, wird die aktienrechtliche Vertretungsbefugnis des Vorstandes hiervon nicht berührt (§ 82 Abs. 1 AktG). Denn eine auf Geschäftsordnung, Satzung, Aufsichtsrat- oder Hauptversammlungsbeschluß beruhende Beschränkung der *Geschäftsführungs*befugnis schränkt dessen *Vertretungs*befugnis nicht ein und ist Dritten gegenüber grundsätzlich ohne Rechtsfolge. Eine Verletzung von Vorlage- oder Berichtspflichten durch den Vorstand gegenüber einem Arbeits- oder Kreditbewilligungsausschuß kann dagegen *interne* aktienrechtliche oder personelle Folgen haben.

3. Buchhaltung

Besondere Probleme ergeben sich bei den Hypothekenbanken in der Verwaltung des langfristigen Darlehensbestandes durch die sich auf wenige (im Hypothekargeschäft meist auf vier, im echten Kommunaldarlehensgeschäft auf ein bis zwei) Zahlungstermine konzentrierenden Eingänge der Annuitäten. Die Abwicklung von Massenposten hat in kürzester Zeit zu erfolgen, um nachteilige Folgen insbesondere für die Schuldner, wie z.B. Mahnungen, zu vermeiden. Zunehmend finden für das Buchungsverfahren Anlagen der EDV Verwendung. Die Vielzahl der Darlehenskonten läßt sich insoweit auf Magnetbändern oder anderen Datenträgern speichern, ohne daß es noch einer besonderen manuellen Kontenführung wie in früheren Jahren bedarf. Die Datenerfassung des auf die Hypothekenbanken zukommenden Zahlungsverkehrs und automatisch abwickelbare Abrechnungen der auszuzahlenden Darlehen erleichtern die buchhalterischen Arbeitsabläufe.

Schwerpunkte der bei Hypothekenbanken über EDV abgewickelten Arbeitsvorgänge im Aktivgeschäft bilden die Berechnung der Annuitäten, die Verteilung von Zins- und Tilgungsanteilen bei Zahlungseingängen, die Abrechnung von Auszahlungen, das Mahnwesen, das Lastschriftverfahren sowie die Überwachung der Deckungsbestände.

Angesichts eines sich ausweitenden bargeldlosen Zahlungsverkehrs bietet das in steigendem Umfang angewandte Lastschriftverfahren Vorteile und Vereinfachungen für den Darlehensnehmer und die Hypothekenbank. Die maschinell festgestellten Fälligkeiten werden als Lastschriften ausgedruckt, bei gleichzeitiger Gutschrift für die Bank der zuständigen Landeszentralbank übergeben und von dieser an die Bankverbindung des Darlehensnehmers weitergeleitet.

Die Auswertung der nach verschiedenen Gesichtspunkten geordneten Daten bietet der Unternehmensleitung wertvolle Informationen, insbesondere statistische Angaben über den Darlehensbestand und schafft u.a. aussagefähige Vorschauen für kurz-, mittel- und langfristige Liquiditätsübersichten und damit Grundlagen für geschäftspolitische Entscheidungsprozesse.

Auf Grund der in der Buchhaltung geführten Bestandszahlen für langfristige Ausleihungen und den Umlauf an Schuldverschreibungen kann das Zahlenmaterial für das Meldewesen der Hypothekenbanken aufbereitet werden. Das gilt vor allem für Meldungen an die Bundesbank (über die zuständigen Landeszentralbanken), z.B. für die monatliche Bilanzstatistik (BiSta), die Emissionsstatistik, die Bardepot-Meldung, den Auslandsstatus, die vierteljährliche Kreditnehmerstatistik, die Meldungen nach § 41 KWG. An die zuständigen statistischen Landesämter und an das Bundesaufsichtsamt für das Kreditwesen werden statistische Werte mitgeteilt. Das Bundesaufsichtsamt erhält neben den Kreditanzeigen (§§ 13, 15 und 16 KWG) periodisch Nachweise über die Deckungsbestände für die im Umlauf befindlichen Schuldverschreibungen.

Die Hypothekenbanken bedienen sich der EDV-Anlagen für die vorgenannten Aufgabenbereiche und Arbeiten unterschiedlich. Neben eigenen Anlagen werden fremde Rechenzentren im Dienstleistungsverfahren benutzt. Gemeinschafts-*Rechenzentren* bilden den Gegenstand von *Kooperationsabkommen.* Zur Rationalisierung der in allen Hypothekenbanken gleichgelagerten Arbeitsvorfälle werden *gemeinsame Programmentwicklungen* bzw. *-nutzungen* auf Kooperationsbasis angestrebt.

4. Registratur

Für eine zügige Abwicklung der zugesagten Darlehen und der damit verbundenen Auszahlungen ist eine ständig auf dem neuesten Stand befindliche Darlehensakte, die alle

Vorgänge enthält, erforderlich. Ein Sachregister, in dem die Beleihungen nach Orten und Straßen enthalten sind, sowie ein Namensregister und ein heute nicht mehr wegzudenkendes Kontonummernregister sichern bei unvollständigen Angaben im Schriftwechsel die Auffindung einer Akte und damit eine schnelle Sachbearbeitung. Der Akteninhalt wird zumeist auf einer Übersicht nachgewiesen, die als Deckblatt und Bearbeitungsbogen dient. Diese Übersicht enthält insbesondere folgende Angaben: Personalien und bonitätsmäßige Beurteilung des Darlehensnehmers, kurze Objekt- und Lagebeschreibung des zu beleihenden Grundstücks, Boden-, Bau- und Nebenkosten sowie Finanzierung des zu errichtenden Bauvorhabens mit vorläufiger Beleihungswertberechnung, abgekürzte Wirtschaftlichkeitsberechnung und schließlich die Hypothekenbedingungen. Auf der Übersicht werden üblicherweise auch die Überprüfungsbestätigung des zuständigen Sachbearbeiters und der Genehmigungsvermerk des Vorstandes angebracht. Im späteren Verlauf werden die jeweiligen Auszahlungen festgehalten. Bei unpünktlicher Zahlung der Annuitäten werden die Maßnahmen zur zwangsweisen Eintreibung, insbesondere die Daten der Zustellung der Schuldurkunde, der Einleitung von Zwangsverwaltung oder -versteigerung aktenkundig gemacht.

IX.
AUSBLICK

Aussagen über die Zukunft der Hypothekenbanken und ihr Geschäft gehören in das Gebiet der Futurologie. Zukunftsbezogene Sachaussagen können sich daher nur auf bereits erkennbare, insbesondere kreditwirtschaftliche und legislatorische Entwicklungen beschränken, die auch die künftige Geschäftstätigkeit der Hypothekenbanken zu beeinflussen geeignet sind.

Die Finanzierung des *Wohnungsneubaus* und der *Modernisierungsmaßnahmen* des *Wohnungsaltbestandes* wird auch in Zukunft erheblicher, allerdings insbesondere bei weiter steigenden Baukosten und Grundstückspreisen nicht quantifizierbarer Mittel auch des Kapitalmarktes bedürfen. Vom Bundesministerium für Raumordnung, Bauwesen und Städtebau wird im Rahmen des langfristigen Wohnungsbauprogrammes der Bundesregierung von 1971 für die nächsten Jahre die Fertigstellung von jeweils etwa 500 000 Wohnungseinheiten angestrebt. Nach wie vor besteht ein *regionaler* und *sektoraler Wohnungsfehlbedarf* vor allem in *Ballungsgebieten* und für sog. *Problemgruppen*. Der langfristige Kredit der Hypothekenbanken wird bei einer entsprechenden Ergiebigkeit des Rentenmarktes auch künftig eine der Hauptquellen zur Deckung des Fremdfinanzierungsbedarfs der Wohnungswirtschaft bilden. Er wird wie bisher zur Finanzierung des sozialen Wohnungsbaus im Rahmen der verschiedenen Formen öffentlicher Förderung beizutragen in der Lage sein. Von sachverständiger Seite wird die Zahl der modernisierungsbedürftigen und -fähigen Wohnungen auf etwa 5 Mio geschätzt. Die Hypothekenbanken können sich, nachdem die letzte Novelle zum Hypothekenbankgesetz Beleihungen grundsätzlich auch im nachstelligen Raum zuläßt, nunmehr in größerem Umfang als bisher an der Finanzierung auch von Modernisierungs- und Instandsetzungsmaßnahmen beteiligen.

Die Abhängigkeit von Ergiebigkeit und Verfassung des Rentenmarktes wird auch in Zukunft Umfang und Form des Hypothekenbankkredits bestimmen. Bei weiteren rentenmarktbedingten Laufzeitverkürzungen der Pfandbriefhypotheken kann eines der Hauptargumente der Hypothekenbanken im Wettbewerb, die Zinsstabilität ihrer Darlehen, manches an Bedeutung verlieren. Bei Vertragsabschluß vereinbarte Zinsanpassungen an künftige Kapitalzinsveränderungen schaffen im Mietwohnungsbau Unsicherheitsfaktoren für eine langfristige Mietgestaltung, bei Eigentumsmaßnahmen u.U. variable Wohnlasten. Beide können auf die Bonität der Darlehen zurückwirken, vor allem dann, wenn degressive Förderungsmethoden zu progressiven Wohnlasten führen und diese zeitlich mit Zinserhöhungen zusammenfallen. Inwieweit eine solche Entwicklung durch inflatorische Komponenten bei der Einkommenentwicklung ausgleichen wird, hängt nicht zuletzt von der Kaufkraftentwicklung ab, sollte jedoch in keinem programmierten Abhängigkeitsverhältnis von dieser gesehen und gewertet werden.

Die im Wohnungsneubau ständig steigenden Herstellungskosten führten seit Jahren zu einer korrespondierenden laufenden Erhöhung des Fremdfinanzierungsbedarfs der Wohnungswirtschaft. Eine sich derart fortsetzende Entwicklung von Bau- und Grundstückspreisen dürfte auch künftig zu einer inflationsinduzierten Ausweitung des Darlehensgeschäfts der Hypothekenbanken beitragen. Bei anhaltend hohen Wachstumsraten ihrer Bilanzvolumina werden die *Erträge* — wie bereits in den letzten Jahren — zwar *nominal, nicht jedoch gleicherweise real steigen* und möglicherweise zu *inflationären Scheingewinnen führen.*[113]

Eine Untersuchung des Bundesaufsichtsamtes aus dem Jahre 1971 machte eine ambivalente Ertragsentwicklung deutlich: Die durchschnittliche laufende Zinsmarge im Darlehensneugeschäft der Hypothekenbanken betrug bei 1961 rd. 0,9%, verringerte sich bis 1965 auf rd. 0,8% und sank bis Ende 1970 auf nur noch 0,39%. Diese Entwicklung hat sich fortgesetzt und dürfte andauern. Eine gleichwohl feststellbare nominale Steigerung der ordentlichen Betriebsergebnisse der Hypothekenbanken ist nach Auffassung des Bundesaufsichtsamtes für das Kreditwesen sowohl auf die Ausweitung des Darlehensbestandes als auch auf zunehmende Erträge im Wertpapier- und im Geldmarktgeschäft, d.h. auf atypische Erträge im Hypothekenbankgeschäft zurückzuführen. Mit ihrer unbegrenzten Fortdauer ist, da diese letztlich auf temporäre Sonderfaktoren zurückzuführen sind, nicht zu rechnen. Die im Darlehensbestand gespeicherte Zinsspanne dagegen ist wegen der nominal gleichbleibenden Zinssätze langfristig zementiert. Ihr realer Wert wird bei andauernder Geldwertverschlechterung, der er ungeschützt ausgesetzt ist, von Jahr zu Jahr geschmälert.

Der Zinsüberschuß als Hauptkomponente des Gewinnergebnisses einer Hypothekenbank kann daher wesentliche Verengungen nicht mehr vertragen. Diese aber sind nicht nur als Sekundärwirkungen eines sich nach Erhöhung der Umlaufsgrenze durch die HBG-Novelle 1974 nicht auszuschließenden verschärften Wettbewerbs, sondern auch auf Grund in Aussicht stehender neuer Steuerbelastungen zu erwarten. Im Rahmen der Körperschaftsteuerreform ist u.a. der Abbau der langjährigen Steuerprivilegien auch der Hypothekenbanken vorgesehen; der Steuersatz, der bis 1967 noch 27,5% betrug und 1968 auf 36,5% erhöht wurde, soll auf 46% angehoben werden. Die Hypothekenbanken werden von dieser Zusatzbelastung stärker getroffen als andere privilegierte Gruppen des Kreditgewerbes; denn sie haben im Gegensatz zu den Instituten, die Darlehen mit Zinsgleitklauseln ausreichen, keine Möglichkeit einer Abwälzung auf ihren Darlehensbestand. Sie werden daher diese Mehrbelastung ebenso wie einen weiter steigenden Personal- und Sachkostenaufwand in ihrem Neugeschäft aufzufangen und damit wettbewerbliche Nachteile in Kauf zu nehmen haben.

Einen Ausgleich zwischen einem sich real weiter abflachenden Ertrag und einem steigenden Aufwand wird — wenn überhaupt — im geschäftsspezialisierten Hypothekenbankgewerbe auch in Zukunft nur über ein rentabilitätsorientiertes, gesundes Wachstum erfolgen können. Zusätzliche ordnungspolitische Rechtsgrundlagen hierfür hat die HBG-Novelle 1974 durch die oben dargestellte Ausweitung der Umlaufsgrenzen und die — wenn auch quantitativ begrenzten — Erweiterungen des Geschäftskreises, z.B. im grenzüberschreitenden Kreditgeschäft, geschaffen. Der ein weiteres Wachstum der Hypothekenbanken unterstützenden wohnungs- und städtebaupolitischen Maßnahmen-Konzeption stehen allerdings wachstumshemmende Reformen und Gesetzesvorschläge vor allem im Boden-, Miet- und Wohnungsrecht gegenüber.[114])

Die Entwicklung des zweiten Hauptgeschäfts der Hypothekenbanken, ihres Kommunalkreditgeschäfts, wird von der Höhe des Nettokreditbedarfs der öffentlichen Hand und insbesondere davon abhängen, inwieweit diese bereit ist, sich zu seiner Deckung des Emissionskredits der Hypothekenbanken zu bedienen und auf eigene unmittelbare Marktinanspruchnahmen zu verzichten.

Ein volumenmäßig unbegrenztes Wachstum wird selbst auf Grund der durch die HBG-Novelle 1974 gesetzlich erhöhten Umlaufsgrenzen nicht eintreten können. Vielmehr wird auch künftig — solange keine weitere gesetzliche Umlaufsgrenzenerweiterung erfolgt — ein notwendiges und gesundes Wachstum eine laufende Stärkung des unterlagsfähigen Eigenkapitals durch rentabilitätsbeeinflussende Kapitalerhöhungen oder gewinnabhängigen Zuweisungen zu den unterlagsfähigen offenen Rücklagen voraussetzen (vgl. III).

Und damit schließt sich der Kreis: Soweit und solange die Eigenkapitalausstattung gesetzliche Bemessungsgrundlage für den Geschäftsumfang und das Wachstum einer Hypothekenbank ist, werden neben marktmäßigen Faktoren vor allem die Möglichkeiten der Selbstfinanzierung, d.h. der Erwirtschaftung zusätzlichen, umlaufsmitbestimmenden Eigenkapitals den Umfang ihrer kreditwirtschaftlichen Tätigkeit bestimmen. Damit wird im Geschäft der Hypothekenbanken auch in Zukunft die gesetzlich beibehaltene ordnungspolitische Interdependenz zwischen der Notwendigkeit privatwirtschaftlicher Gewinnerzielung und -verwendung einerseits und der Erfüllung einer überwiegend im öffentlichen Interesse liegenden Kreditversorgungsfunktion andererseits in Erscheinung treten.

Verzeichnis der bestehenden Hypothekenbanken
(Stand vom 31. 12. 1973)

Lfd. Nr.	Name und Sitz des Instituts	Gründungsjahr	Bilanzsumme DM Mio	Umlauf an Schuldverschreibungen (einschließlich Lieferverpflichtungen) DM Mio	Gesamtes Eigenkapital DM Mio	Großaktionär, Gesellschafter usw.	Beteiligung in %
1.	Allgemeine Hypothekenbank AG, 6 Frankfurt/Main 1 Bethmannstr. 50-54	1962	2733	2131	84	Bank für Gemeinwirtschaft AG Deutsche Beamtenversicherung, Wiesbaden	67 mehr als 25
2.	Bayerische Handelsbank 8 München 34 Von-der-Tann-Str. 2	1869	4580	4204	129,25	Bayerische Vereinsbank	mehr als 50
3.	Bayerische Hypotheken- und Wechsel-Bank 8 München 1 Kardinal-Faulhaber-Str. 10	1835	8188[1]	7320	— 2)	—	—
4.	Bayerische Vereinsbank, 8 München 1 Kardinal-Faulhaber-Str. 14	1869	7404[3]	6884	— 2)	—	—
5.	Braunschweig-Hannoversche Hypothekenbank 3 Hannover-M. Landschaftstr. 8	1871	2368	1867	78	Norddeutsche Landesbank, Hannover Bank für Gemeinwirtschaft AG	mehr als 50 mehr als 25
6.	Deutsche Centralbodenkredit-AG Berlin und Köln 5 Köln 5 Kaiser-Wilhelm-Ring 29	1870	6456	5790	194,2	Deutsche Bank AG	68,5
7.	Deutsche Genossenschafts-Hypothekenbank AG, Hamburg-Berlin 2 Hamburg Ost-West-Str. 81	1921	6694	7495	192,5	Deutsche Genossenschaftskasse, Frankfurt	100

Lfd. Nr.	Name und Sitz des Instituts	Gründungsjahr	Bilanzsumme DM Mio	Umlauf an Schuldverschreibungen (einschließlich Lieferverpflichtungen) DM Mio	Gesamtes Eigenkapital DM Mio	Großaktionär, Gesellschafter usw.	Beteiligung in %
8.	Deutsche Hypothekenbank (Actien-Gesellschaft), Hannover und Berlin 3 Hannover Georgsplatz 8	1872	3706	4222	121,1	Berliner Handels-Gesellschaft — Frankfurter Bank	mehr als 50
9.	Deutsche Hypothekenbank 28 Bremen Domshof 18-20	1862	5225	4788	152,4	Dresdner Bank AG	78,5
10.	Frankfurter Hypothekenbank 6 Frankfurt/Main 1 Taunusanlage 9	1862	9508	8307	302,26	Deutsche Bank AG	86
11.	Hypothekenbank in Hamburg 2 Hamburg 36 Hohe Bleichen 17	1871	3025	2793	94	Dresdner Bank AG	81,7
12.	Lübecker Hypothekenbank AG 24 Lübeck 1 Schwartauer Allee 107-109	1927	1379	1127	40,3	Handelsbank in Lübeck Westbank AG, Hamburg-Altona	75 25
13.	Münchener Hypothekenbank eGmbH 8 München 15 Nußbaumstr. 12	1896	2219	1983	78,7	—	
14.	Norddeutsche Hypotheken- und Wechselbank 2 Hamburg 1 Domstr. 15	1871	1166 4)	930	— 2)	Dresdner Bank AG Landschaftliche Brandkasse, Hannover	54,9 mehr als 25
15.	Pfälzische Hypothekenbank 67 Ludwigshafen/Rhein An der Rheinschanze 1	1886	2885	2640	91	Dresdner Bank AG	mehr als 75
16.	Rheinische Hypothekenbank 68 Mannheim 1	1871	4496	3928	133	Commerzbank AG	80,3

	5 Köln Unter Sachsenhausen 2				...versicherung AG, Köln und Colonia Lebensversicherung AG, Köln	mehr als 50 / mehr als 25
18.	Süddeutsche Bodencreditbank, 8 München Ottostr. 10	1871	3598	3315	109,2	Bayerische Vereinbank / Bayerische Landesbank Girozentrale, München	mehr als 50 / mehr als 25
19.	Thüringische Landes-Hypothekenbank AG, 58 Hagen/Westf. Konkordiastr. 5	1923	17	6	—	—	—
20.	Vereinsbank in Nürnberg, 85 Nürnberg Marienstr. 3	1871	4236	3859	122,4	Bayerische Vereinbank / Bankhaus M. M. Warburg Brinckmann, Wirtz & Co., Hamburg	mehr als 50 / mehr als 25
21.	Westdeutsche Bodenkreditanstalt, 5 Köln 1 Kaiser-Wilhelm-Ring 17-21	1893	2552	2361	81	Commerzbank AG	92,6
22.	Westfälische Hypothekenbank AG, 58 Hagen/Westf. Konkordiastr. 5	1961	1208	998	36	Westfalenbank AG, / Deutscher Herold Allgemeine Versicherungs-AG, Bonn	75 / 25
23.	Württembergische Hypothekenbank, 7 Stuttgart N Büchsenstr. 28	1867	3331	2998	112,5	Bayerische Hypotheken- und Wechsel-Bank	67
24.	Württembergische Kreditverein AG, 7 Stuttgart N Gymnasiumstr. 3	1923	3124	2259	90	Württembergische Landeskommunalbank - Girozentrale -, Stuttgart	89,8

1) Bilanzsumme der Hypothekenabteilung geschätzt auf 32% der gesamten Bilanzsumme
2) Für eine rechnerische Zuordnung des Eigenkapitals (Grundkapital und offene Rücklagen) zum Geschäft der Hypothekenabteilung stehen veröffentlichungsfähige Unterlagen nicht zur Verfügung.
3) Anteil der Bilanzsumme der Hypothekenabteilung an der gesamten Bilanzsumme.
4) Bilanzsumme der Hypothekenabteilung geschätzt auf 90% der gesamten Bilanzsumme.

Verzeichnis der durch Fusion oder aus anderen Gründen
weggefallenen Hypothekenbanken

Lfd. Nr.	Name und Sitz des Instituts	Rechtsnachfolger
1	Allgemeine Bodenkreditbank A.G., Saarbrücken	übernommen von der Landesbank und Girozentrale Saar, Saarbrücken, (1940)
2	Bayerische Bodencredit-Anstalt, Würzburg	übernommen von der Süddeutschen Bodencreditbank, München, (1937)
3	Berliner Hypothekenbank A.G., Berlin	übernommen von der Rheinischen Hypothekenbank, Mannheim, (1935)
4	Communal-Bank für Sachsen, Leipzig	übernommen von der Sächsischen Bodencreditanstalt, Dresden, (zur treuhänderischen Abwicklung), (1943)
5	Deutsche Grundcredit-Bank, Gotha	übernommen von der Deutschen Centralbodenkredit-Aktiengesellschaft, Berlin, (1930)
6	Deutsche Realkreditbank A.G., Dessau	übernommen von der Mitteldeutschen Bodenkredit-Anstalt, Greiz, (1934)
7	Deutsche Wohnstätten-Hypothekenbank A. G., Berlin	übernommen von der Deutschen Pfandbriefanstalt, Wiesbaden/Berlin, (zur treuhänderischen Abwicklung), (1957)
8	Frankfurter Pfandbrief-Bank Aktiengesellschaft, Frankfurt a.M.	übernommen von der Frankfurter Hypothekenbank, Frankfurt a. M., (1930)
9	Hannoversche Bodenkreditbank, Hildesheim	übernommen von der Braunschweig-Hannoverschen Hypothekenbank, Hannover, (1936)
10	Hessische Landes-Hypothekenbank A.G., Darmstadt	übernommen von der Hessischen Landesbank, Darmstadt, (1938)
11	Hypothekenbank A.G., Saarbrücken	übernommen von der Landesbank und Girozentrale Saar, Saarbrücken, (1940)

12	Landwirtschaftliche Creditbank, Frankfurt a.M.	übernommen von der Deutschen Genossenschafts-Hypothekenbank A.G., Berlin/ Hamburg, (zur treuhänderischen Abwicklung), (1921)
13	Landwirtschaftliche Pfandbriefbank (Roggenrentenbank) A.G., Berlin	übernommen von der Preußischen Pfandbrief-Bank, Berlin, (1927)
14	Leipziger Hypothekenbank, Leipzig	übernommen von der Sächsischen Bodencreditanstalt, Dresden, (1930)
15	Mecklenburgische Kredit- u. Hypothekenbank, Neustrelitz	übernommen von der Mecklenburger Bank, früher Schwerin in Mecklenburg, jezt Tossens in Oldb., (1943)
16	Mecklenburg-Strelitzsche Hypothekenbank, Neustrelitz	Firma geändert in Mecklenburgische Kredit- und Hypothekenbank, Neustrelitz (s. lfd. Nr. 15), (1934)
17	Mitteldeutsche Bodenkredit-Anstalt, Greiz	übernommen von der Süddeutschen Bodencreditbank, München, (1934)
18	Norddeutsche Grund-Credit-Bank, Weimar	übernommen von der Deutschen Hypothekenbank, Bremen, (1930)
19	Nordwestdeutsche Bodenkreditbank, Bückeburg	vor Aufnahme des Geschäftsbetriebes aufgelöst (1928)
20	Pommersche Hypotheken-Actien-Bank, Köslin	Firma geändert in Berliner Hypothekenbank A.G., Berlin, (1902)
21	Preußische Bodenkredit-Actien-Bank Berlin	übernommen von der Preußischen Central-Bodenkredit- und Pfandbrief-Bank Aktiengesellschaft, Berlin, (1930)
22	Preußische Central-Bodenkredit-Aktiengesellschaft, Berlin	verschmolzen mit der Preußischen Pfandbrief-Bank zur Preußischen Central-Bodenkreidt- u. Pfandbrief-Bank Aktiengesellschaft, Berlin, (1930)

23	Preußische Central-Bodenkredit- u. Pfandbrief-Bank Aktiengesellschaft, Berlin	Firma geändert in Deutsche Centralbodenkredit-Aktiengesellschaft, Berlin, (1930)
24	Preußische Hypotheken-Actien-Bank, Berlin	übernommen von der Preußischen Pfandbrief-Bank, Berlin, (1929)
25	Preußische Pfandbrief-Bank, Berlin	verschmolzen mit der Preußischen Central-Bodenkredit-Aktiengesellschaft zur Preupischen Central-Bodenkredit- und Pfandbrief-Bank Aktiengesellschaft, Berlin, (1930)
26	Sächsische Bodenkreditanstalt, Berlin-Frankfurt	übernommen von der Deutschen Hypothekenbank, Bremen, (1972)
27	Schlesische Boden-Credit-Actien-Bank, Breslau	übernommen von der Preußischen Central-Bodenkredit- und Pfandbrief-Bank, Aktiengesellschaft, Berlin, (1930)
28	Schwarzburgische Hypothekenbank, Sondershausen	übernommen von der Deutschen Grundcredit-Bank, Gotha, (1920)
29	Süddeutsche Festwertbank Aktiengesellschaft, Stuttgart	nach Erfüllung ihrer Aufgaben liquidiert (1938)

Verschmelzung beabsichtigt:

aufnehmendes Institut

Westdeutsche Bodenkreditanstalt, Köln

Rheinische Hypothekenbank, Aktiengesellschaft, Mannheim, (1974)

künftiger Sitz: Frankfurt

Von einer alphabetischen Zusammenfassung der verwendeten Literatur in einem besonderen Verzeichnis wurde im Hinblick darauf Abstand genommen, daß die in den Anmerkungen aufgeführten Veröffentlichungen genaue Hinweise auf Verfasser und Fundstellen geben.

FESTSCHRIFTEN

Bayerische Hypotheken- und Wechsel-Bank
1. Die Bayerische Hypotheken- und Wechsel-Bank
   Festschrift zur Feier ihres fünfzigjährigen Bestehens
   München 1885
2. Hundert Jahre Bayerische Hypotheken- und Wechsel-Bank 1835-1935, München 1935
3. 125 Jahre Bayerische Hypotheken- und Wechsel-Bank
   (Verfasser: Joseph Maria Lutz und Heinrich Stummer)
   München 1960

Bayerische Handelsbank
   Die Bayerische Handelsbank in München 1869-1969
   (Verfasser: Thomas Grimm) München 1969

Bayerische Vereinsbank
   Bayerische Vereinsbank 1869-1969
   Eine Regionalbank im Wandel eines Jahrhunderts
   (Verfasser: Franz Steffan) Nürnberg 1969

Braunschweig-Hannoversche Hypothekenbank
   Hundert Jahre Braunschweig-Hannoversche Hypothekenbank
   (Verfasser: Ernst Knacke) Hannover 1971

Deutsche Centralbodenkredit-Aktiengesellschaft
   Hundert Jahre Centralboden
   Eine Hypothekenbank im Wandel der Zeiten 1870-1970
   (Verfasser: Bernd Baehring) Frankfurt 1970

Deutsche Genossenschafts-Hypothekenbank AG
   50 Jahre Deutsche Genossenschafts-Hypothekenbank AG
   (Verfasser: Herbert Schmuck) Hamburg 1971

Deutsche Hypothekenbank
   Hundert Jahre Deutsche Hypothekenbank
   Vom Wesen und Werden privater Hypothekenbanken
   in Deutschland
   (Verfasser: Erich Achterberg) Frankfurt 1962 und
   Bremen

Frankfurter Hypothekenbank
   Im Spannungsfeld der Zeit
   100 Jahre Frankfurter Hypothekenbank
   (Verfasser: Gert von Klass) Wiesbaden 1962

Pfälzische Hypothekenbank
Epochen einer Bankgeschichte
Herausgegeben aus Anlaß des 75jährigen Bestehens der
Pfälzischen Hypothekenbank
(Verfasser: Manfred Tridon) Darmstadt 1962

Rheinische Hypothekenbank
100 Jahre Rheinische Hypothekenbank
(Verfasser: Knut Borchardt, Rudolf Haas, Ernst Knacke
und Peter Muthesius) Frankfurt 1971

Süddeutsche Bodencreditbank
Süddeutsche Bodencreditbank
Ein Jahrhundert Werden und Wirken
(Verfasser: Erich Achterberg) Frankfurt 1971

Vereinsbank in Nürnberg
Bilder und Berichte aus hundert Jahren Bankgeschichte
(Verfasser: Franz Steffan) Würzburg 1971

Westdeutsche Bodenkreditanstalt
Westdeutsche Bodenkreditanstalt
Ihre Geschichte und ihr Aufgabengebiet
Festschrift anläßlich des 60jährigen Bestehens
(Verfasser: Eduard Christ) Frankfurt 1953

Württembergische Hypothekenbank
1. 90 Jahre Württembergische Hypothekenbank 1867-1957
Die Reden vom 5. November 1957
2. 100 Jahre Württembergische Hypothekenbank
(Verfasser: Volkmar Muthesius und Wilhelm Kohlhaas)
Frankfurt 1967

Deutsche Bau- und Bodenbank Aktiengesellschaft
Deutsche Bau- und Bodenbank Aktiengesellschaft 1923-
1973
Die Geschichte der Gesetzgebung auf dem Gebiet des
Wohnungswesens und des Städtebaus
(Verfasser: Hans-Günther Pergande unter Mitwirkung
von Jürgen Pergande) Frankfurt 1973

100 Jahre deutsche Wohnungspolitik — Aufgaben und
Maßnahmen
(Verfasser: Ulrich Blumenroth) Frankfurt 1973

Deutsche Pfandbriefanstalt
Die Deutsche Pfandbriefanstalt im Dienste der Woh-
nungsbaufinanzierung 1922-1972
(Verfasser: Herbert Lubowski) Mainz 1972

ANMERKUNGEN

1) vgl. Bericht der Bundesregierung über die Untersuchung der Wettbewerbsverschiebungen im Kreditgewerbe und über eine Einlagensicherung (Bundestagsdrucksache V/3500 vom 18.11.1968, S. 74)

2) Barlet—Karding—Fleischmann, Hypothekenbankgesetz Kommentar, 2. Auflage 1964, § 5 Anm. 2

3) vgl. Begründung zum Entwurf eines Gesetzes zur Änderung des Hypothekenbankgesetzes und des Schiffsbankgesetzes, Bundestagsdrucksache 7/114, S. 9

4) § 5 Abs. 1 Nr. 8 HBG

5) § 5 Abs. 1 Nr. 7 HBG i.d.F. des Fünften Änderungsgesetzes vom 5.2.1963 (BGBl. I S. 81, 368), künftig als HBG-Novelle 1963 zitiert.

6) HBG-Novelle 1963

7) §§ 1, 4 Vierte Durchführungsverordnung über Ausgleichsabgaben nach dem Lastenausgleichsgesetz (4. Abgaben DV-LA) vom 8. 10. 1952 (BStBl. 1952 I S. 812)

8) § 14 Gesetz zur Milderung der Härten der Währungsreform (Altsparergesetz) vom 14.7.1953 (BGBl. I S. 495); letzte Neufassung vom 1.4.1959 (BGBl. I S. 169)

9) In Niedersachsen z.B. beauftragt die Landestreuhandstelle für den Wohnungs- und Städtebau als Organ der staatlichen Wohnungspolitik ein Realkreditinstitut mit der Durchführung der Beleihung, mit der Darlehensauszahlung und der Darlehensverwaltung im Wege eines entgeltlichen Geschäftsbesorgungsvertrages (Nr. 58 der Wohnungsbauförderungsbestimmungen, RdErl. d. Nds. Min. f. Aufbau vom 1.12.1956 - Nds. MBl. 1956, S. 969).
Entsprechendes gilt für Bremen.

10) Einzelheiten vgl. Achterberg, Hundert Jahre Deutsche Hypothekenbank, Vom Wesen und Werden privater Hypothekenbanken in Deutschland, Frankfurt/Main und Bremen 1962, S. 19 ff.;
Steffan, Handbuch des Realkredits, Frankfurt/Main 1963, S. 274 ff. und die dort Genannten.

11) Zur geschichtlichen Entwicklung des Pfandbriefs vgl. im einzelnen: Steffan, Handbuch des Realkredits, S. 47 f. und 319 ff.

12) vgl. zur Gesamtproblematik der Naturaltilgung:
Geschäftsbericht des Verbandes privater Hypothekenbanken e.V. 1967, S. 36;
Reichstein, Naturaltilgung — ein Heilmittel für die Rentenmarkttherapie? Der Langfristige Kredit 1973, S. 387 ff.

13) i.V. mit § 1 der Verordnung über die Mündelsicherheit der Pfandbriefe und verwandten Schuldverschreibungen vom 7.5.1940 (RGBl. I S. 756)

14) vgl. § 26 ff. Reichsversicherungsordnung (RVO);
§§ 68 f. Versicherungsaufsichtsgesetz (VAG);
landesrechtliche Regelungen für Vermögensanlagen landesunmittelbarer Versicherungsträger, insbesondere der Landesversicherungsanstalten und Knappschaften.

15) Damaschke, Die Bodenreform, 19. Auflage, Gustav Fischer Verlag, Jena 1922, S. 142 ff.

16) Damaschke aaO, S. 148 f.

17) vgl. zu dieser Problematik auch: Biber, Aufsätze und Vorträge zum Wiederaufbau des Realkredits 1945-1958, München 1958, S. 90 f.
Steffan, aaO S. 412 sowie Pergande, Festschrift der Deutschen Bau- und Bodenbank AG, Frankfurt, 50 Jahre im Dienst der Bau- und Wohnungswirtschaft, 1973, S. 28 ff.

18) Statuten der BHuWB aus dem Jahre 1835 veröffentlicht im Bay. Reg. Bl. für das Königreich Bayern 1835, S. 590 und 606

19) vgl. Regierungsblatt für das Königreich Bayern 1864, S. 110

20) vgl. Steffan aaO., S. 313

21) Borchardt, Realkredit- und Pfandbriefmarkt im Wandel von 100 Jahren in: 100 Jahre Rheinische Hypothekenbank, Frankfurt/Main 1971, S. 113
Hoffmann, Grumbach, Hesse, Das Wachstum der deutschen Wirtschaft seit der Mitte des 19. Jahrhunderts, Berlin-Heidelberg-New York 1965, S. 91, 178

22) Achterberg, aaO S. 46

23) Achterberg aaO, S. 40 f.

24) Achterberg aaO, S. 41 und 44

25) Borchardt aaO, S. 129

26) Biber aaO, S. 87

27) Achterberg aaO, S. 93

28) Gesetz über die Aufwertung von Hypotheken und anderen Ansprüchen — Aufwertungsgesetz — RGBl. I, S. 117

29) Borchardt aaO, S. 132 f.

30) Borchardt aaO, S. 134 f.

31) Achterberg aaO, S. 94, 96

32) Vierte Verordnung des Reichspräsidenten zur Sicherung von Wirtschaft und Finanzen und zum Schutz des inneren Friedens vom 8.12.1931, Kapitel III § 1 (RGBl. I S. 702 f.)

33) Borchardt aaO, S. 141

34) Kummert, Private Hypothekenbanken in: Steffan, Handbuch des Realkredits, Frankfurt/Main 1963, S. 746;
ebenso Biber aaO, S. 196

35) Monatsberichte der Bank deutscher Länder vom Juni 1951, S. 37

36) Achterberg aaO, S. 98 ff.

37) Steffan aaO, S. 745 f.
Baehring, Eine Hypothekenbank im Wandel der Zeiten 1970-1970, Hundert Jahre Centralboden, Frankfurt/Main 1970, S. 93 f.

38) Geschäftsbericht der Rheinischen Hypothekenbank 1930, S. 5; Knacke, Probleme des deutschen Hypothekenbankwesens, Dissertation, München 1932, S. 39 ff.

39) Achterberg aaO, S. 104 f.;
Baehring aaO, S. 94 f.

40) Mössner, Das Deutsche Bodenkreditsystem, Berlin 1934, S. 338

41) Gesetz über wertbeständige Hypotheken vom 23.6.1923 (RGBl. I, S. 407)

42) Konzentrationsbericht der Bundesregierung vom 29.2.1964, Bundestagsdrucksache IV/2320

43) vgl. Bericht der Bundesregierung über die Untersuchung der Wettbewerbsverschiebungen im Kreditgewerbe und über eine Einlagensicherung (Bundestagsdrucksache V/3500 vom 18. 11.1968, S. 27 f. und S. 74)

44) Auf Seite 167 ff. sind die Kapitalverhältnisse zum Jahresschluß 1973 aufgeführt.

45) Eine Zusammenstellung und eine kritische Beurteilung der Baufinanzierungen aus einer Hand unter Mitwirkung von Hypothekenbanken nach dem Stand vom 1.6.1973 dieser Finanzierungsmodelle befinden sich in der ZfgK 1973, Heft 22, S. 1107 ff.

46) vgl. Sondernummer des Bankarchivs anläßlich des 25jährigen Bestehens des Centralverbandes des deutschen Bank- und Bankiergewerbes am 10. März 1926

46a) von Rosen, Der Zentrale Kapitalmarktausschuß — Ein Modell freiwilliger Selbstkontrolle der Kreditinstitute, Frankfurt 1973, S. 25, 33, 49, 173.

47) vgl. Unglaub, Die Novellierung des Hypothekenbankgesetzes, Der Langfristige Kredit 1974, S. 115 ff.

48) vgl. § 46 Abs. 2 HBG sowie die Grundsätze über das Eigenkapital und die Liquidität der Kreditinstitute in der Fassung der Bekanntmachung Nr. 1/69 des Bundesaufsichtsamtes für das Kreditwesen vom 20. Januar 1969 (BAnz. Nr. 17 vom 25. Januar 1969).

49) vgl. Goedecke, Wolfgang, Realkredit — Perspektiven und Probleme, Frankfurt 1973, S. 20; Schröder, Mit dem Hypothekenbankgesetz in das 3. Jahrhundert des Pfandbriefes? Der Langfristige Kredit 1969, S. 552 f.

50) vgl. Erlaß des Bundesaufsichtsamtes für das Kreditwesen vom 16. 10. 1973 betreffend ersatzdeckungsfähige Anlage von Geldern der Hypothekenbanken, abgedruckt bei Consbruch-Möller-Bähre-Schneider, Kreditwesen-Gesetz zu 8.11

51) vgl. Kerl, Bewertung von Grundstücken durch die Kreditinstitute, Abschnitt V in: Brückner-Clauss-Glaser-Just, Grundstücks- und Gebäudewerte in der Rechts-, Bau- und Wirtschaftspraxis, 3. Auflage, Herne/Berlin 1974.

52) Zum Begriff der Tilgungsstreckungsdarlehen: Goedecke, Wolfgang aaO, S. 83

53) §§ 34a, 35 HBG; Dannenbaum, Deutsche Hypothekenbanken, Berlin 1928, S. 288 ff.

54) Zusammenstellung der gesetzlichen Änderungen bei Barlet-Karding-Fleischmann, aaO § 7 Anm. 1

55) Begründung zum Entwurf des fünften Änderungsgesetzes, Bundestagsdrucksache IV, 624, S. 12

56) Quelle: Statistische Beihefte, Reihe 1 zu den Monatsberichten der Deutschen Bundesbank, Februar 1974

57) Wettbewerbsuntersuchung aaO., S. 71

58) Hierzu Borchardt aaO. S. 109 f., 113 f.

59) In der Terminologie der Finanzierung des sozialen Wohnungsbaus nach dem Zweiten Weltkrieg wird als Ia-Hypothek die unverbürgte erststellige Kapitalmarkt-Hypothek verstanden.

60) Verordnung des Reichspräsidenten zur Sicherung von Wirtschaft und Finanzen vom 1.12.1930, VII. Teil, Kapitel II, § 1 (RGBl. I S. 593)

61) Dritte Verordnung des Reichspräsidenten zur Sicherung von Wirtschaft und Finanzen und zur Bekämpfung politischer Ausschreitungen vom 6.10.1931, IV. Teil, Kapitel II, § 19 (RGBl. I S. 553)

62) Einzelheiten vgl. Pergande, Die Gesetzgebung auf dem Gebiete des Wohnungswesens und des Städtebaues, Festschrift aaO, S. 92 ff.

63) vgl. Goedecke, Wolfgang aaO., S. 68 ff.

64) Quelle: Kreditanstalt für Wiederaufbau

65) vgl. § 254 LAG sowie Durchführungsbestimmungen zur Weisung über Aufbaudarlehen für den Wohnungsbau i.d.F. vom 15.8.1962 (Mtbl. BAA S. 299 ff. und die jeweils gültigen sog. Einschaltbestimmungen).

66) Quelle: Lastenausgleichsbank

67) vom 24.4.1950 (BGBl. I S. 83 bzw. vom 25.8.1953 (BGBl. I S. 1037)

68) vom 27.6.1956 (BGBl. I S. 523) bzw. vom 1.9.1965 (BGBl. I S. 1617)

69) vgl. Pergande aaO, S. 171

70) Quelle: Bundesbaublatt ab 1951
Diese Vomhundertsätze unterscheiden allerdings nicht zwischen erstrangig gewährten sog. Ia-(Hypothekar-)Darlehen und sog. Annuitätshilfen-(Ic)Darlehen mit öffentlichen Ertragssubventionen.

71) Gesetz über städtebauliche Sanierungs- und Entwicklungsmaßnahmen vom 27.7.1971 (BGBl. I S. 1125)

72) BGBl. I S. 1097 ff.

73) Zusammenstellung der Bürgschaftsprogramme in „Finanzierungshilfen des Bundes und der Länder an die gewerbliche Wirtschaft", ZfgK Sonderausgabe 1973, Fritz Knapp Verlag, Frankfurt.

74) vgl. § 5 Abs. 3 des Gesetzes über die Verwaltung des ERP-Sondervermögens vom 31.8.1953 (BGBl. I S. 1312) und die darauf beruhenden Bürgschaftsgesetze

75) Hinsichtlich des grenzüberschreitenden Kreditgeschäfts der Hypothekenbanken vor Inkrafttreten des Hypothekenbankgesetzes vgl.:
Steffan aaO, S. 317;
Achterberg aaO, S. 12, 209;
von Klass, Im Spannungsfeld der Zeit — 100 Jahre Frankfurter Hypothekenbank, Wiesbaden 1962, S. 28;

Knacke, Aus der 100jährigen Geschichte der Rheinischen Hypothekenbank in: 100 Jahre Rheinische Hypothekenbank, Frankfurt/Main 1971, S. 42

76) vgl. von Klass aaO, S. 37

77) vgl. Achterberg aaO, S. 40

78) vgl. vor allem Bundesverfassungsgericht in seinen Entscheidungen vom 31.5.1960 (NJW 1960, 1611), vom 16.2.1965 (NJW 1965, 741) sowie vom 31.7.1973 (NJW 1973, 1539 ff.): die letztere zum ,,Vertrag über die Grundlagen der Beziehungen zwischen der Bundesrepublik Deutschland und der Deutschen Demokratischen Republik" vom 21. 12. 1972 (BGBl. II S. 42).

79) Im Ergebnis, wenn auch mit anderer Begründung für das Hypothekenbankgesetz in seiner bis zum 31.3.1974 geltenden Fassung: Barlet-Karding-Fleischmann aaO, §§ 11 Anm. 1 und 41 Anm. 10; ebenso: Hofmann, Hypothekenbankgesetz, Kommentar, Berlin 1964, § 11 Rdz. 4

80) Beilage Nr. 24/72, S. 44 zum BAnz. Nr. 174 vom 15.9.1972

81) Verordnung über die Verwendung von Darlehen an die Europäische Gemeinschaft für Kohle und Stahl als Deckung für Kommunalschuldverschreibungen (BGBl. I S. 764)

82) Bundestagsdrucksache 7/1390 vom 10.12.1973

83) vgl. Begründung zu § 5 Abs. 1 Nr. 1 der HBG-Novelle 1974

84) Abgedruckt bei Barlet-Karding-Fleischmann aaO, S. 323 ff.

85) BGBl. I S. 1839 f.

86) Urteil des BGH vom 6.2.1963/V ZR 4/61, veröffentlicht im Bundesbaublatt 1964, S. 265

87) vgl. hierzu Urteil des BGH vom 17.5.1961, veröffentlicht in Wertpapiermitteilungen 1961, S. 980

88) Barlet-Karding-Fleischmann aaO, § 41 Anm. 12

89) Gesetz zur Förderung der Stabilität und des Wachstums der Wirtschaft vom 8.6.1967 (BGBl. I S. 582), geändert durch Artikel 12 FinanzanpassungsG vom 30.8.1971 (BGBl. I S. 1426)

90) Gesetz über die Umschuldung kurzfristiger Inlandsschulden der Gemeinden vom 21.9.1933 (RGBl. I S. 647)

91) Geschäftsbericht des Verbandes privater Hypothekenbanken 1973, S. 28 und 57

91a) veröffentlicht in NJW 1973, 1338

92) vgl. Goedecke, Wolfgang aaO, S. 31 ff.

93) Sie war den Hypothekenbanken schon durch das Reichsgesetz vom 8.6.1871 betr. Inhaberpapiere mit Prämien (RGBl. I S. 210) verboten.

94) Achterberg aaO, S. 44 ff.

95) vgl. zu diesem gesamten Problemkreis:
Goedecke, Klaus: Marketingkonzeption und -strategien der Banken beim Angebot von Kapitalanlagemöglichkeiten, Dissertation Darmstadt 1972, insbesondere S. 22 ff., 124 f., 192 ff.

96) Zum Begriff der sog. Pensionsgeschäfte vgl. insbesondere Monatsberichte der Deutschen Bundesbank 1965 Nr. 11, S. 3 ff. und 1967 Nr. 7, S. 7 ff.

97) Goedecke, Wolfgang aaO., S. 25 ff.

98) Hinsichtlich der Einzelheiten des Emissionsgeschäfts darf auf das Taschenbuch von Franz Steffan aaO. verwiesen werden.

99) Steffan aaO, S. 806;
Friedenthal, Bankwirtschaft, Bankbetriebslehre, 2. Hauptteil VI. Pfandbriefgeschäft, 3. Bonifikation, S. 16 f., Verlag Dr. Th. Gabler;
Knacke in: Enzyklopädisches Lexikon für das Geld-, Bank- und Börsenwesen 1967, Band I, S. 238 f.

100) Einzelheiten: Rodrian in: Enzyklopädisches Lexikon für das Geld-, Bank- und Börsenwesen 1967/68, Band II, S. 921 f.

101) Antrag des Finanzausschusses vom 6.12.1973 Bundestags-drucksache 6/1382 i.V. mit der Sitzungsniederschrift über die Bundestagssitzung vom 12.12.1973

102) § 1 SparPG Abs. 2 Satz 4 (BGBl. 1970 I S. 1213) sowie § 2 Abs. 1a des VermBG (BGBl. 1970 I S. 930).

103) Gesetz über eine vorübergehende Erweiterung der Geschäfte der Hypotheken- und Schiffspfandbriefbanken vom 5.8.1950 (BGBl. I S. 353)

104) 5. Gesetz zur Änderung und Ergänzung des Hypotheken-bankgesetzes vom 14.1.1963 (BGBl. I S. 9)

105) Begründung zum Gesetzentwurf Bundestagsdrucksache IV/624, S. 13

106) vgl. hierzu Goedecke, Wolfgang, Ungedeckte Schuldver-schreibungen — ein Marketing-Problem, Zeitschrift „bank und markt" 1974, Heft 4, S. 8.

107) Bundestagsdrucksache 7/1390, S. 3

108) Entsprechendes dürfte nach § 54a des Regierungsentwurfs zur Änderung der VAG — Bundestagsdrucksache VI, 3194 — dann gelten, wenn nicht deckungspflichtige Inhaberschuld-verschreibungen Teile einer Gesamtemission sind.

109) BGBl. I S. 881

110) vgl. zur Frage der Staatsaufsicht über Hypothekenbanken: Kiesel, Das Zulassungs- und Aufsichtsrecht über die Real-kreditinstitute, Dissertation, Köln 1968;
Werner, Die staatliche Kontrolle der Hypothekenbanken durch das Bundesaufsichtsamt für das Kreditwesen, Disser-tation, Köln 1967.

111) Abgedruckt bei Consbruch-Möller-Bähre-Schneider, aaO. zu 14.03 und 15.06.

112) Abgedruckt bei Consbruch-Möller-Bähre-Schneider, aaO Nr. 16.02

113) vgl. Rüchardt, Kann der Realkredit mit der Inflation leben? Der Langfristige Kredit 1973, S. 35 ff.

114) vgl. Bellinger, Tendenzwandel auch für den Realkredit? ZfgK 1974, S. 54 ff.

Werbung für das Wertpapiersparen

Pfandbriefe und Kommunalobligationen sind der Umlaufsmenge nach die wichtigsten Wertpapiere des Kapitalmarktes. Sie dürfen in der Bundesrepublik außer von privaten Hypothekenbanken nur noch von bestimmten öffentlich-rechtlichen Kreditanstalten emittiert werden.

Der Gemeinschaftsdienst der Boden- und Kommunalkreditinstitute, Frankfurt am Main, gegründet von den privaten Hypothekenbanken und öffentlich-rechtlichen Kreditanstalten, informiert die Öffentlichkeit über alle Fragen des Wertpapiersparens und besorgt eine langfristig angelegte Aufklärungs- und Vertrauenswerbung für Pfandbriefe und Kommunalobligationen. Die Aufklärungsarbeit des Gemeinschaftsdienstes beginnt in den Schulen mit unterrichtsgerecht gestalteten Schriften und Filmen, schließt direkte Publikumswerbung in den Massenmedien ebenso ein wie vielfältiges Informationsmaterial für die Schalter aller Kreditinstitute und